婚姻的六个样子

积雪草／著

古吴轩出版社
中国·苏州

图书在版编目（CIP）数据

婚姻的六个样子 / 积雪草著. —苏州：
古吴轩出版社，2014.7（2020.6重印）
ISBN 978-7-5546-0262-1

Ⅰ.①婚… Ⅱ.①积… Ⅲ.①婚姻　通俗读物
Ⅳ.①C913.13-49

中国版本图书馆CIP数据核字（2014）第106126号

责任编辑：徐小良
策　　划：盛桐文化
封面设计：嫁衣工舍

书　　名	婚姻的六个样子
著　　者	积雪草
出版发行	古吴轩出版社
	地址：苏州市十梓街458号　邮编：215006
	http://www.guwuxuancbs.com　Email:gwxcbs@126.com
	电话：0512-65233679　传真：0512-65220750
出 版 人	钱经纬
经　　销	新华书店
印　　刷	北京市凯鑫彩色印刷有限公司
开　　本	880×1230　1/32
印　　张	7
版　　次	2014年7月第1版　第1次印刷　2020年6月第2次印刷
书　　号	ISBN 978-7-5546-0262-1
定　　价	28.00元

如发现印装有质量问题，影响阅读，请与印刷厂联系调换。010-82708280

序言 Preface

你是我的幸福吗

幸福究竟长什么样？只怕一千个人有一千种看法。所谓经历不同，际遇不同，角度不同，对幸福的理解也不尽相同，"横看成岭侧成峰，远近高低各不同"。

有人说幸福很虚无，就是一种感觉；有人说幸福很真实，眼可见手可摸。一个孩子的幸福像一个棉花糖一样简单，一个成年人的幸福是拥有美好的爱情和婚姻，一个老年人的幸福是家庭和谐、身体健康。

在婚姻中寻找到幸福的人，说婚姻是天堂，妙不可言；在婚姻中体会到痛苦的人，说婚姻是地狱，苦不堪言。

幸福的婚姻究竟什么样？其实幸福的婚姻根本没有固定的模式可循，幸福的婚姻和物质也不存在必然的联系。有人说得非常大胆："宁愿在宝马车里哭，也不愿在自行车后笑。"这只是一种价值取向，却不是衡量幸福的标准。

好的婚姻是一个港湾，可以避风，可以养伤，可以休养生息，等风平浪静之后重新起航；好的婚姻是一味药，膨胀的时候可以令人清醒，消极的时候可以令人振作，苦闷的时候可以令人得到安慰。

婚姻的本来面目是平凡琐碎，从激情到平淡，这个过程谁都无法逃脱。两个人在一起，不停地爱着彼此的同时，也不停地伤害着对方，这就是磨合。有些感情会磨合得严丝合缝，像长在一起的两棵树；有些感情会磨合得支离破碎，最后无奈分手。

婚姻生活中，自私是大忌，贪婪是毒药，别触及情感的底线，才能守住自己的幸福。终有一天，你会发现，那些平常的日子，那些琐碎的生活，那些温情的话语，那些关爱的眼神，就是你一直想要的长久的幸福。

走过很长一段路，夜深人静时常常与时光对视，红尘俗世中总有一些烟火之爱会让我们铭记，令我们感动，因为那是支撑我们不停向前的动力，那是我们人生路上的信念。

一路欢乐，一路泪水，我亦如是。

感谢那个和我牵手多年，忍受我的唠叨，忍受我的无理，忍受我的神经质，和我一起为寻找幸福、守住幸福而做着种种努力的亲密爱人。

目录 Contents

001 · 第一辑 无处安放

　　几乎每一个人，都曾有过一段无处安放的青春，都曾有过一段没有修成正果的爱情。在那些青葱岁月里，流星一样划过的情感，美丽过，叹息过，最终成为过去式。过去式不代表我们会遗忘，恰恰相反，它就盛放在我们的记忆里，盛放在我们的心灵深处，在我们生命的底版上，刻下深深的印痕。

　　后悔吗？不。每一段感情都是生命的体验，都曾给我们带来不一样的感受。

　　没经过失恋的不懂爱情。曾经是玩笑话，亦是真理。

　　无处安放的爱情，一样会让我们心动，让我们狂热，让我们不眠……

再见了，亲爱的铜纽扣 / 002
　　爱不卑微，卑微的是她用俗常的眼光看待爱。

让我为你，跳最后一支舞 / 005
　　那些美丽而伤感的最后以悲剧收尾的爱情在文艺作品里是一个故事，在现实生活里就是一场事故。

生命中最亲的路人甲 / 008
　　很多无果的爱情，都是因为那些自以为是，殊不知这却让自己离心爱的人越来越远。

我们总是那么容易爱上路上的人 / 011

一路上不管怎么走，我们都会遇到很多人，经历很多事，我们的心也如一个容器，装着那些放不下的人与割不断的事。

恋人未满，暗恋成伤 / 014

爱情之于他，像是生了一场病，今生再也不会痊愈。

紫藤花下的诺言 / 018

总有那么多无可奈何的悲剧，让美如春花的诺言，在风中凋谢，成为一段遥远的记忆。

提拉米苏的悲伤 / 021

原来失恋只是一瞬间的感觉，原来失恋只是一种心情。

角落里的"鸦片"男人 / 023

光阴不候，昨日渐远，等走过那段路再回望，当初的坚持，曾经的执着，都是我们情感深处的一厢情愿。不属于你的东西，要学会尽早地放弃。

木棉花开的季节，思念成灾 / 026

每年三月到四月，木棉花开的季节，他都会那么地想念一个人，以至于，思念成灾。

最暖的季节，就是有你的冬天 / 029

两个人在一起，冬天也像是春天。只要两个人在一起，冬天再漫长也会过去的，一切总会好起来的。

女孩的身体，只该为爱情盛开 / 032

如果没有爱情，女孩的身体也只是一具美丽的空壳。真正爱你的人，会期待你的身体为爱情盛开。

她用八年时间，等一个人长大 / 036

一盆滴水观音可能很多年后才开花，一份感情可能很多年后才有结果。期间可能会有很多波折，但是不是每个女人都有那样的智慧和勇气，用八年的时间，等一个男人长大。

第二辑 爱的港湾

一个男人对于一个女人最高的承诺，就是给予她婚姻；一个女人对一个男人最深沉的爱，就是做他的妻子。再美丽的爱情，如果没有婚姻作为载体，那么这一段爱情就是无根的浮萍，注定成为古往今来爱情悲剧中的一段。相爱的人，肯给予对方一个契约，肯给予对方婚姻，那是值得我们每一个人尊重的；因为那是对于一段感情，对于爱情的尊重。

如果爱，请深爱；如果爱，请为她披上美丽的婚纱。

婚姻的承诺是一条爱情的天梯 / 040

这是一个真实的故事。一个男人为一个女人修筑了一条通天的天路，后来有人把这条路叫作"爱情天梯"。

为你一辈子不说话 / 042

真正的爱情，只需一个眼神，瞬间明了。话语带不来爱情，真诚才可以。爱你，我可以一生无言。

我会守护你一辈子，像当初你守护我一样 / 045

一个美丽的女子，因为偶一回眸，那时，我就发誓，此生要对她好，无论中间发生什么事情，我都不会和她分开。

有个"傻瓜"，爱了你好久好久 / 048

十年修得王小贱，百年修得柯景腾，千年修得李大仁。多幸运，才能遇到这么爱你的"傻瓜"？

二手男人一手爱 / 051

有种二手男人，燃烧过一次，因为氧气不足成了木炭。但只要给他一点火种，就能够收获到他的温暖和激情。

玫瑰花与蛋炒饭 / 054

穿过岁月的层层帘幕，我最想要的，不是玫瑰花，而是你当初做给我的蛋炒饭。

爱你，才会在你的世界笨拙地打扰你 / 056

世上哪有那么巧的事？你每一次倒霉，我都刚巧从你身边路过？对你有兴趣，才会去打扰你。

勿忘我的花语是：永恒的记忆 / 059

中世纪的欧洲，一位骑士为了博得恋人的欢心，去悬崖绝壁采勿忘我，结果掉进了大海。现实中，男孩为了给女孩买草莓蛋糕，发生了车祸。

063 · 第三辑 烟火夫妻

住家过日子，开门七件事，柴米油盐酱醋茶，缺一不可，这是烟火夫妻必修的课目。滚滚红尘中，大多数家庭、大多数夫妻过的都是这样的日子，吃喝穿戴，繁杂琐碎，今天没米了，明天没油了，后天没有卫生纸了，所有的日子都是由这些繁杂琐碎的事情串连而成。幸福就在一粥一饭里，幸福就在汤汤水水中，需要用心体会，仔细辨认，需要知足，需要感恩。做一对烟火夫妻，是世间最温暖的事，用炽热的情感过相濡以沫的日子，用温暖的情话打磨粗糙的生活。

做凡俗夫妻，过烟火生活……

最动听的情话不是"我爱你" / 064

平淡才是婚姻的底色。最动听的情话是"回家我养你"，而不是那句甜蜜空洞的"我爱你"。

瓶中是我给你的四季 / 067

爱情就像虚无缥缈的烟雾，看得见，却不一定摸得到。尽管如此，爱情还是在难以察觉的角落，等待着人们的发现,并且走过四季,颜色从不改变。

生命尽头,仍不是我爱你的终点 / 070

生命是有极限的,但是爱却不会。如果爱上一个人,就请深爱他,即便是在他人生中的最后时刻。

右手不会离开左手,就像我会永远牵住你 / 073

我们的生命和血液早已溶到一起,牵住你的手,我就再也不会放开。

旧房子,才有爱情的温度 / 076

夫妻俩的关系就像一双筷子:一是谁也离不开谁,二是什么酸甜苦辣都在一起尝。

情侣饭盒里的饺子 / 079

在爱情里,男女爱的方式各不相同。如若珍惜,便是良缘。

男人永远有个情敌,叫"别人家的老公" / 081

爱那个人就该为那个人保护好自己,本本分分地做人、认认真真地相爱就是积攒幸福。

演员或是保姆,她都是他最爱的妻 / 084

天下没有最美的女人,只有最爱的女人。无论她做什么职业,在我心里都完美无瑕。

老公,祝贺你失业 / 087

在顺境里相爱的两个人,结成的也许不是真的爱情。但是一旦到了逆境里,你才会发现他是不是真正爱你。

"小女人"有人爱 / 089

不是只有模特走秀才需要T台,爱情也需要T台,两个人过日子不是独角戏。

男人有时是树,有时也是凌霄花 / 092

男人可以是树,是伟岸可以依靠的。但是如果他还没有那么坚韧,也请耐心地呵护他,因为他迟早会长成一棵大树。

好女人是男人的翅膀 / 095

你我都是单翼的天使，唯有彼此拥抱才能展翅飞翔。

不要轻易翻看爱情的底牌 / 098

女人习惯把赌注押在爱情上，用婚姻做抵押；男人习惯把赌注押在婚姻上，婚姻只是一种打赌。

爱情是奶油蛋糕上面的那颗樱桃 / 101

爱情是奶油蛋糕上面的那颗樱桃，甜蜜，美丽，但必须要有实际的生活做依托，如果没有，那也不过是空中楼阁。

105·第四辑 一地鸡毛

再浪漫再美好的爱情，落实到婚姻这个层面上，都难免吵吵闹闹，争执不断，一地鸡毛。这是烟火婚姻的特质，是琐碎生活所导致的必然结果。两个不同家庭背景出身的人，生活在同一个屋檐下，磨合是一个必然的过程。谁买菜，谁洗衣，谁做饭，这些都是小事情。为这样的小事情争个输赢，分个胜负，伤了感情，实在没有必要。婚姻那么长，幸福那么远，我们一步一步慢慢向前走的时候，多看看对方的好，给自己一个好心情。

浪漫的爱情，美好的婚姻，最好别败在鸡毛蒜皮的小事上……

我不是公主，你也不是王子 / 106

从爱情走向婚姻，少了花前月下，多了柴米油盐。不要说"我不会"，爱他，怎么不学着为他煲一锅汤？

放心和孝顺父母的他在一起 / 109

如果他心里丝毫没有父母的影子，你还指望他一辈子把你放在心里吗？孝顺的人总能让你放心。

低成本吵架协议 / 111

生活在一个屋檐下的两个人，不吵架是不可能的，勺还有碰碗的时候，更何况是两个大活人呢？

乡下婆婆VS城里儿媳 / 114

时代不同，生活方式不同，矛盾总是难免的。但是真爱总能很好地消弭这些矛盾。

管钱跟管爱一样需要智慧 / 117

回家有可口的饭菜，五斗橱里有成打的袜子和内裤，茶叶罐里有喜欢喝的铁观音，衣来伸手，饭来张口，还要钱干吗？管钱多累啊，还是让老婆折腾去吧！

用积分换幸福 / 121

聪明的女人，不会眼睁睁看着婚姻散场，总会做点什么。比如，为爱情积分。

酸酸甜甜爱滋味 / 124

婚姻里，如果一味地甜，会让人腻味；如果一味地苦，会让人逃离。给爱情里面加点醋，酸酸甜甜，才会可口。

爱的回声 / 126

爱其实就像一面回音壁，你喊抱怨的时候，它回报你的也是抱怨；你说"爱"的时候，它回报你的也是爱。

面容渐渐苍老，爱情的纹路却没有改变 / 129

时光像一个巨大的沙漏，而爱随着时光的沙漏缓缓地流淌。轻轻拂掉时光的尘埃，爱依旧还在。

街上的美女再美，不如家里的黄脸婆 / 131

一个女人有多美，通常由与她相伴的男人决定。

爱的特权 / 134

　　爱一个人爱到能够包容他的缺点和毛病，只许自己数落，别人不可以，这就是爱的特权吧！

好男人也可以长成墙头草的样子 / 137

　　他并非软弱，为的是怕她生气上火，为的是怕矛盾升级，为的是把幸福留住。顶天立地是真男人，墙头草也可以是真男人。

自行车后座的爱情 / 140

　　谁说相爱的人只能同甘，不能共苦？宝马车里的爱情不一定甜，自行车后座的爱情不一定苦。

145·第五辑 十字路口

　　人生道路上布满了十字路口，充满了怅惘和选择。我们每一个人，从一生下来就开始不停地选择，大大小小，每一次选择都在考验心智，考验承受能力。在确保每一次选择都正确的情况下，才能达到一种完满的结果。

　　婚姻也是一样，我们选择了和那个人牵手，然后又不停地面临着一些考验和诱惑，比如你喜欢的人，喜欢你的人，仿佛开玩笑似地在不恰当的时间里出现。有的人抵挡住了诱惑，最终爱情修成了正果；有的人抵挡不住诱惑，最终一段美好的感情流产了。

　　在爱情的十字路口上，你选择向左？向右？还是，一直向前……

解语花PK玫瑰花 / 146

　　男人都喜欢玫瑰，但迟早会懂得，只有家里那朵解语花，才知心知意，不离不弃。

爱情夹杂的故事与事故 / 149
　　与人合演一场苦情戏，只为不让你深深陷入无果的结局。

不爱也是一种优雅 / 152
　　有时候，拒绝也可以做得很优雅，给对方一个舒服台阶缓缓走下。

我爱你，所以我离开你 / 154
　　因为给不了深爱的人需要的东西，所以一件一件地跟他要他拿不出来的东西，然后把他逼退，留下所有的辛酸和苦难给自己，这就是深爱。

有我在，什么都别怕 / 157
　　无论遭遇到什么困难，在爱情里都要微笑以对。有我在，什么都不用怕。

为爱留一条回家的路 / 161
　　那个爱你而迁就你的坏习惯、肯让你保住颜面、肯委屈自己为你留一条回家的路的女人，有什么理由不珍惜？

爱他，就接纳他所爱的一切 / 164
　　我爱他，而他爱你，所以我要救你。我不愿意因为你的意外，而让他痛苦一生。

弱水三千，一瓢足矣 / 167
　　男人多的是，有地位的，有钱的，有品位的，有修养的，敦厚的，朴实的……弱水三千，其实只需要一瓢饮。

给爱情记本流水账 / 170
　　人人都知道什么是爱情，只是随着时间的流逝懒得用心对待了。给爱情记一本流水账，时而翻看，也是幸福。

爱情备忘录 / 172
　　有些人天生不善言辞，对你的爱都写在纸片上。好好珍惜那份爱情备忘录，满满都是幸福。

烟火夫妻才最美 / 175

那个肯为你忍受烟熏火燎的人，一定是最爱你的人。没有经过柴米油盐的洗礼，再好的爱情也不过是空中楼阁。

别让风迷了爱情的眼 / 178

感情世界里有太多的诱惑，稍不留意，就会被风迷了眼。

有爱的房子就是金房子 / 181

最美的风景往往就在身边，可是很多人却到很远的地方去寻找。爱情也是如此。

S号男人和XXL号的爱 / 184

身高给不了人爱情。小号的身材里可能蕴含着特大号的爱。

187·第六辑 爱情重组

任何事物都有其两面性，有爱就有恨，有开始就有结束，这是事物发展的规律，谁都无法违背。婚姻也是一样。义无反顾地进入围城时，必然都抱着一种美好的愿望，抱着一种对永恒爱情的向往。经过时间的流逝，岁月的打磨，一些婚姻败下阵来，没有通过生活的考验。

即便如此，也没有什么可灰心和绝望的，因为我们还可以重新选择，重新开始，就像上错了车，还可以下来，重新搭乘，没有什么了不起的。爱情面前，人人都有追求幸福的权利。

没有了爱，并不是世界末日。爱情重组，幸福在即……

幸福的参照物 / 188

　　幸福往往需要一个参照物，在一段又一段的感情中，才知道什么是幸福。

无法与时光对抗的东西 / 191

　　时光是一只神奇的手，能够悄悄地抚平内心的伤和痛，哪怕再不愿意忘记，但都无法与时光对抗。

爱的拼图 / 194

　　有人亲手把自己的爱情撕成碎片。其实，只要用心把碎片拼在一起，爱情还在原地。

接受那道爱的刻痕 / 197

　　时间总会在人的生命里留下刻痕。与其试图抹掉它们，不如自己尽力在那个人心里留下新的痕迹。

幸福隔着一道玻璃墙 / 200

　　幸福有多远？看着似乎隔着千山万水，其实只有一步之遥。

爱着的时候，都有一颗悲悯的心 / 203

　　每一个人的心底都有一些小善良，爱着的时候，都会被激发出来。

第一辑
无处安放

几乎每一个人,都曾有过一段无处安放的青春,都曾有过一段没有修成正果的爱情。在那些青葱岁月里,流星一样划过的情感,美丽过,叹息过,最终成为过去式。过去式不代表我们会遗忘,恰恰相反,它就盛放在我们的记忆里,盛放在我们的心灵深处,在我们生命的底版上,刻下深深的印痕。

后悔吗?不。每一段感情都是生命的体验,都曾给我们带来不一样的感受。

没经过失恋的不懂爱情。曾经是玩笑话,亦是真理。

无处安放的爱情,一样会让我们心动,让我们狂热,让我们不眠……

再见了，亲爱的铜纽扣

爱不卑微，卑微的是她用俗常的眼光看待爱。

他们认识那年，正是复刻版的德军制服热，她在无意中加入这股热潮。她爱的不是制服，而是制服上明晃晃的铜纽扣。那些扣子做工极其精致，简直精美绝伦。如果不是扣子的背面写有批号和生产厂家的英文字母，简直就可以乱真。

喜欢至极，于是她顶着炎炎烈日，满大街去寻找。快泄气的时候，橱窗里的一套制服版的裙装牵制住她的视线。窄小的下摆，棉布的质地，但经过处理，看上去很有质感又很柔软。肩部的搭扣处是两枚小小的铜纽扣，那种草绿的颜色，有着军人的刻板与威严，穿在身上，妖娆中透出刚毅。

她左顾右盼，看着镜子中的自己，有些不伦不类，如果配上长靴，可能效果会更好些。正当她对着镜子搔首弄姿臭美之时，身后不知何时站了一个男人，在悄悄地打量她。镜子里一览无余的是她曼妙的身姿。她条件反射地回头看他，他对她微微地笑，像春天里的阳光，露出白白的牙齿。他说："这件衣服不适合你。"她会心地笑着说："是的，我只是喜欢这两颗纽扣，别的都不重要。"再看他，他的笑容就变得有些尴尬。

因为那两枚扣子，她和他结下了不解之缘。有时她会和他相约一起，在这个城市的大街小巷里转悠，她找纽扣，他找灵感，饿了一起去西点屋吃蛋挞，渴了拿起矿泉水瓶子往下灌。她笑他，吃东西时，嘴角上挂着幌子；他笑她不像淑女，喝水时，水顺着下巴一直流到衣服上。他们像风穿行在城市的大街小巷，牵着手，没有间隙，没有猜疑，只有快乐。

有一次，她去外地，在候机厅的大屏上，与他不期而遇。他的身边围着一群记者，他正在跟人家讲着什么，嘴角微微向上的样子依旧迷人，说话时依旧习惯性地说"是不是"。这三个字是他的口头语，几乎每句话的尾部都缀上这三个字，她也曾经拿这三个字取笑过他。

她呆怔在那里，他还是他，她却觉得那么陌生和遥远。她傻傻地看着，手中的矿泉水倾出瓶子，洒到裙子上也不知晓。

她恍惚有一种上当受骗的感觉。一直以为他像一个邻家男孩那么普通，可以交往，可以做朋友，可以爱。却原来，平凡的背后，是那样的不平凡。

她忙掏出手机，摁了熟悉的号码，依旧是他熟悉的声音，那么有亲和力："我是小猪可彼，可以为你做点什么？"她忽然失语，一句话都说不出来，眼泪急急而落。是的，能说什么？骂他吗？骂他骗自己吗？可是彼此从来没有许诺过什么，也没有约定过什么，能说什么？她无声无息地收了线。

那一次她知道了，他是滨城非常有名气的时装设计师，有一家风格前卫的时装设计室，据说找他设计服装的淑女名媛、社会名流，多得数不过来，都要提前一年预约。

后来，她开始留心这个人的资料，平媒上，网媒上，时不时会报道他时装大赛获奖的消息。每听闻一次，她的心都会轻颤一次，他离她越来越远,以至于游离出她的视线之外。

后来,她再也没有去找过他,他打电话来,约她逛街淘宝,她总会找一个恰当的理由拒绝。自己只是一个庸常的平民女子,他怎么会看上自己?终于找了一个理由,说自己要去国外读书,彻底淡出他的视线之外。

那一次,他送了她一套德军改良版的女式制服,不仅仅是改良,而是在原有的基础上,改成时尚前卫,彻底时装化:旧旧的绿色棉布,修长的窄裤脚,有很多口袋,制服版的上衣,有很多铜钮扣。他黯然地说:"有时间回来看我。"

她笑,如花一般,眼泪却在心里流,他看不到。她知道自己再也不会出现在他的视线之内,得不到,还不如彻底逃离。

抱着那件衣服,越走越远,终于走到他看不见的地方,安安静静地看书、听音乐、上班。经历了升职,加薪,人来人往的纷繁,有一个午夜,她又在电视上看到他。他在电视里侃侃而谈,旁边坐着一个幸福的女人,想必是他的太太。脚边有一个小人儿在玩耍,卷曲的头发,大眼睛,非常可爱。她内心深处有一丝疼痛渐渐晕染开来,以最快的速度找出当年他送她的改良版德军制服,套在身上。镜子中的女人,温柔中透着飒爽,妩媚中透出坚强,眼泪终于忍不住夺眶而出……

不知道什么时候,一枚铜纽扣掉在地板上,她弯腰拾起,在手里把玩。他是了解她的,他知道她的小心思,他知道铜纽扣是她的最爱。她把那枚纽扣放在茶几上,转身慢慢点燃一支烟。磕烟灰的时候,她忽然呆住了,小小的铜纽扣的背面,刻着精致的英文字母"LOVE"。她的手指忍不住发抖,发疯般把所有的纽扣都拆下来,每一个纽扣的背面都是英文字母"LOVE",而不是生产厂家和批号。

先是温暖，后是惊喜，渐渐化至钝痛，她终于无法控制自己的情绪，砸了手边那个精致的玛瑙烟灰缸。那些"LOVE"，与自己相逢太迟、太迟，迟到已无法自救。

她把脸埋在掌心里。爱不卑微，卑微的是她用俗常的眼光看待爱。

让我为你，跳最后一支舞

那些美丽而伤感的最后以悲剧收尾的爱情在文艺作品里是一个故事，在现实生活里就是一场事故。

遇到他的那年，正是她最落魄的时候。母亲生病住在医院里，需要很多钱，可是她什么都没有，除了一张漂亮的脸蛋，和同样漂亮的舞姿，除此，别无所长。

她在歌厅里找了一份给人伴舞的差事，每晚像那些歌手一样赶场子，多跳一场，多赚一份钱，很辛苦。她安慰自己，等攒够了给母亲做手术的钱，就不用像这样东奔西跑的，就不用在这样红尘深深的地方小心翼翼守护自己的安全。

伴舞其实是一种陪衬。舞台上的灯光和台下的目光永远都是给歌手准备的，她习惯了像一棵小草一样，在舞台的边缘不受关注。然而，她依旧跳得专注而投入。

那段时间，台下的观众其实很少，唯有他，每晚必来，专心致志地盯着她看。大家都笑，说那个"粉丝"爱上她了，因为他有时会买了百合、郁金香之类，孤单的一朵，等她跳完了，把花送给她。

可惜她并没有心情和时间浪费在这样小情小调的事情上。她有时候会把花插到同伴的口袋里，有时候会直接把花丢在垃圾桶里。夜夜来这种欢娱场所闲泡的人，想来也不会是什么正经人。

说不上喜欢或不喜欢。但从那时开始，她每晚跳完最后一场，赶末班地铁回家的时候，总能在车上与他不期而遇。他淡淡地笑，说："你跳得真好！"她点点头，也不回答，冷漠地看着车窗外一闪而过的夜色，漠然地想着心事。有一次，因为困倦至极，竟然在午夜的电车上睡着了，头歪在他的肩上，睡得很沉很安逸，到站居然并没有醒。他叫醒她，她揉着惺忪睡眼，忘记了身在何处。转头看他，他笑了，笑容温暖而美好，她释然。

他陪她下车，试探地问："我送送你吧？你一个人回家，我不放心！"她失笑，心想：这个人迂腐至极，你不放心我，难道我就放心你了吗？她摇了摇头，道谢，然后一个人往家里跑。跑着跑着，就站住了，回身往后看，一个模糊的轮廓，依旧站在路灯旁，向着她离去的方向。心中有一种暖，像烟尘一样，慢慢散开，飘摇，把心填充得满满的。

后来听人说，其实他跟她并不同路，每晚陪她坐地铁回家，然后再原路返回，去歌厅门口拿停放在那里的车。她是单亲家庭长大的孩子，身上的铠甲坚硬无比，但在这一刻里，竟然渐渐软化。有一个人挂着你，念着你，想着你，总是美好的事情。

她不再像小刺猬那样，竖起身上的刺扎他，抵御他，防范他，相反,倒是生出淡淡的依赖。在台上看到他坐在台下,她的舞姿就会曼妙如花。

她开始试着接受他。他送她的花,她不再丢掉或送人,而是拿回家里制成标本,已经有九十九朵了。他带她去吃宵夜,她也去了,两个人在夜摊前吃面条,吃得唏哩呼噜,看着彼此不雅的吃相,指着对方,忍俊不禁地笑。他捉住她的手问:"带我去看看你的母亲吧?等她老人家好了,我们就结婚!"她羞红了脸,问他:"你不嫌弃我没有体面正式的工作?"他也笑了,说:"我就喜欢看你跳舞。"

后来,他不再来看她跳舞,也不再送她回家。有人说他结婚了,在街上看到他跟太太手牵着手。她的心疼痛起来,一直疼得流出了眼泪。这样的娱乐场所认识的男人,自己居然傻到相信他!自己再好,人家也不过是拿自己解闷而已,而自己,居然当真?

想把他忘记了,但是常常不由得想起他温暖的笑容,想起他夜色中模糊挺拔的轮廓。她把那些制成标本的干花拿出来,用剪刀剪成细碎的粉末,然后洒到风中……

折腾了一段时间,她渐渐把这个男人压到心底,轻易不再把旧事翻出来。转年,母亲做了手术,病愈出院,家里又多了笑声和烟火的气味。

她还在那个歌厅伴舞,母亲说:"我病好了,不再需要很多钱,不要再去跳了。"她笑嘻嘻地回答:"我喜欢跳,一直跳到跳不动了为止。"

其实,她的内心里还是隐隐地期望他能再来看她跳舞,可是他一次都没来。

绝望了,也就不再跳舞了。她有了新的男朋友,两个人一起去一个云南人开的店吃米线,遇到旧时在一起跳舞的姐妹。她把她拉到边上,回头看一眼坐在桌边斯文的男人,神神秘秘地说:"我找了你好久,都没有找到你,你怎么把手机号码换了?还记得以前对你很好的那个粉丝吗?他瞎了一双眼睛,你幸好没有和他在一起,不然怎么生活啊?"

她怔住,一瞬间,觉得窒息,像鱼一样大大地喘了一口气才问:"怎么回事?"女友沉吟了半天才说:"有一晚他送你后回去,不小心掉进路边施工的地方,独独伤了眼睛……"

再见到他,是在普通的居民住宅小区。她轻轻地推开门,他站在门边,侧着耳朵问她:"你找谁?"她把手伸出来,放在他的眼前晃了晃,他并无知觉,她的眼泪就流下来了,说:"我能不能再为你跳一支舞?"

他呆住了。沉默半天,点了点头。

她把碟片放进CD机里,音乐响起,她第一次在舞台之外为唯一的观众跳舞。她专注、投入,舞姿灵动优美,她用舞蹈语言讲述了一个爱的故事。

生命中最亲的路人甲

很多无果的爱情,都是因为那些自以为是,殊不知这却让自己离心爱的人越来越远。

第一次见到她,是他特地绕道去看她的。

那年，她只有十二三岁的样子，青涩稚嫩，混沌未开，连一朵含苞待放的花骨朵都算不上。身材尚未开始发育，头发干枯发黄，皮肤粗糙微黑，衣饰暗淡发旧，一点少女的清新妩媚都没有。整张脸上，只有一双大眼睛，生动明亮，熠熠生辉。

这双眼睛，给他留下了深刻的印象。

校长把她领进门的时候，他正在斟酌如何和这女孩交流。不能以居高临下的口吻，那样可能会伤了女孩的自尊心；也不能以朋友那样熟络的口吻，尽管他资助她上学已经一年多了，实际上他们还是两个从未见过面的陌生人。

其实他所有的担心都是多余的，因为不管他说什么，女孩始终都不曾开口回应，躲在角落里，像一只猫一样，目光淡然地看着他。他被她看得手足无措，把买给她的礼物匆忙交付与她，便落荒而逃。

出了那个小小的光秃秃的乡镇，他长舒了一口气。其实他也是一个学生，勤工俭学的大学生。暑期搞社会实践活动，经过他资助的那个女孩所在地的时候，他忽然心血来潮，想去看看她。想不到那里不仅偏远，而且贫穷落后，一个穷字，把他的心深深地震撼和攫住了。

回到城里以后，他不时收到女孩写来的信。那些信纸都是从横格本上撕下来的劣质纸张，写满了一行行清秀隽永的小楷，行文漂亮，内容不俗。想不到这个小丫头很内秀，满腹文才，这更坚定了他资助她上学的决心。他爱不释手地把那些信看了一遍又一遍，然后保存在一个精致的盒子里。宿舍里的同窗以为他收到的是情书，所以千方百计地偷来看，结果发现，只是一个小丫头片子的作文练习簿，都大失所望。

第二次见到她，是她来找他的。那年，她十八岁，考上了他的母校。他看到她的第一眼，除了那双眼睛似曾相识之外，其余并无半点印象。她不再是十二三岁时营养不良的丑小鸭,而像一朵傲立在春天枝头上的白玉兰,清新秀雅,伴着淡淡的馨香。

他不由得感叹,时光真是一只神奇的手,它抚过的地方,丑的变成美的,美的变成老的,谁都无法抗拒。

她的性格改变了很多,不再那般僵硬生涩,而是随和得体,主动叫他大哥哥,叫得亲切而且自然。她说:"大哥哥,以后我不再接受你的资助,我会像你一样,勤工俭学,而且会资助一个需要我帮助的孩子。"

女孩的话让他很震撼。她长大了,不再是一个小丫头,有了思考能力和独立的思想。他不由得对她刮目相看,但他还是说:"你还在念书,不要操心经济上的事,专心学习,将来会有所作为的。"

他开始有点喜欢上这个自尊自爱的女孩,每个月末去学校看她,给她送去生活用品和学习用品。她拒绝他经济上的资助。

女孩对他产生了深深的依赖,生病的时候会叫他照顾,找工作的时候会找他参谋,想家的时候会去他那里蹭饭。

他有了女朋友,她主动要求把关,可是每一次,她都噘着嘴说:"那女孩不适合你。"她二十五岁那年,他已经三十五岁了,她没有男朋友,他也没有女朋友,两个人僵持在时光里,情感的那块田已经荒芜。

有一个雨后的黄昏,女孩做了一个噩梦。起来之后,她依然惊魂未定,慌恐无助,胡乱披了件外套,跌跌撞撞地跑去找他:"大哥哥,你娶了我吧!好不好?"

他慌乱地把她往门外推:"你喝醉了?我是你的大哥哥啊!"女孩哭着跑了,他一屁股跌坐在沙发里,一宿无眠。

一个月之后,女孩嫁给了一个大她三岁的男孩。男孩青春、健康、阳光,他很满意,他以大哥哥的身份亲手为她披上了美丽的白色婚纱,轻如羽翼的婚纱把她衬得如百合花一样娇好美丽。她隐忍心底多时的话终于冲口而出:"大哥哥,你为什么不喜欢我?"他摇了摇头说:"不是我不喜欢你,你用婚姻这种方式完成报恩的理想,实在有点不明智。更何况这么沉重的爱,我承受不起。"

女孩的泪顺着脸颊滚落:"我是真心爱你的,不是报恩,是你的人格魅力折服了我,你怎么这么傻啊!"

他忽然觉得眼前一黑,心疼难抑,以为自己世事洞明,想不到却被自己的聪明生生地耽误了一段美丽的情缘。他强颜欢笑:"看来你只能把大哥哥当成路人甲!"女孩子哽咽:"那你也是我生命中最亲、最亲的路人甲。"

是啊,有缘无分,亲爱的路人甲!

我们总是那么容易爱上路上的人

一路上不管怎么走,我们都会遇到很多人,经历很多事,我们的心也如一个容器,装着那些放不下的人与割不断的事。

穿越西双版纳的热带雨林,一直是她的梦想。

那个野外穿越探险自助旅游组织有三十多人,出发前,她认识了一个名叫阿南的男人。因为她是第一次参加这样的活动,所以他被指派照顾她。他高大魁梧，头发很密，脸上的线条硬朗，三十岁左右的样子，嘴里嚼着口香糖，看上去有一点点的痞。他第一眼给人的直观印象是：把安全交到这样一个人的手里，会不会是把小羊送到狼手上？

然而，钻进原始森林的那一刻，她就忘掉了自己内心里的疑问，嘴巴张成O形，眼睛像快门，忙着享受赏心悦目的视觉盛宴。空气清新，慢慢回味，有草木的清香。泥土芬芳，树木森幽，她像个孩子一样欢呼起来，张开双臂。

不能让人产生安全感的男人阿南，唇边流露出几分讥讽和不屑，他低吼一声："当心脚下，跟住向导，别光图享受。"细细分辨，他的声音里有近乎粗暴的成分，她一扭头，并不理会这个自以为是的男人。

深一脚浅一脚地跟在向导的身后，生怕迷失了方向，然而还是出现了意外。原始森林里险象环生，危机四伏，不知是谁惊动了一窝土蜂，受了惊的蜂群"嗡"的一声展开进攻。她吓得"啊"的一声尖叫，然后抱住头，蹲在原地不会动了。阿南眼急手快，拖了她一把，又一把脱下外套，蒙住她的头，她才幸免满脸开花的不幸。转移到安全地带，她的心还在狂跳不止。想起在电视上看到的《科技之光》节目：一大群蜜蜂围攻人、牲畜、村庄，那是毁灭性的灾难。

后怕归后怕，她开始对这个有些痞的男人产生了一点点好感。

一路上，不仅随时会遭到蚊虫、蚂蝗、叫不上名字的小虫子的袭击，还要提防随时跑出来的野生动物。热带雨林里还有会扎人的树，人被扎过之后会产生幻觉。

不到半天的工夫，她就精疲力竭，脚被鞋子磨出两个大血泡。天又下起了雨，在一个山坡上，她差点失足滚下山坡。那一刻她的心提到嗓子眼，阿南眼疾手快，一回身拽住她的胳膊。她像抓住了救命稻草，紧紧抱住他的胳膊不松手。可是他一个人的力量有限，她险些把他也拽下山坡。多亏后来有人帮忙，加入救援，她才被拖上来，可是她却因此扭伤了脚。

阿南皱着眉头，骂着："多事儿的小女人，在都市里喝喝咖啡、逛逛街还可以，偏偏跑到这原始森林里逞强。"

骂归骂，他还是把她的行囊挂在自己的身上，然后还要背着她。因为一瘸一拐的她，如果跟不上向导的步伐，就会掉队，就会在原始雨林里迷失方向。

因为下雨，步履越来越艰难，她头发一缕一缕贴在额头上，发梢上还在滴着水。她冷得瑟瑟发抖，衣服贴在身上，她曲线毕露，狼狈不堪。

那一刻，她满脸是雨水，忽然有了一种错觉，有了某种恍惚不真的感觉。一路走来，她和这个有些野性的男人，仿佛有了某种默契，有了某种相依为命的感觉。

傍晚，天气意外转晴，夕阳的余晖显得格外耀眼。他们这一群看上去犹如残兵败将的野外穿越者陆续地进入了布朗族的村寨，被分配到各家各户。洗漱之后去老乡家里吃晚饭，很多人围在一起，喝酒唱歌跳舞讲段子，喝得七荤八素，东倒西歪地睡在大通铺上。对于那些仿佛劫后余生的人来说，大通铺远比席梦思更温暖和舒适，而睡眠的幸福就像花儿开放一样美好。

夜里醒来，她吓了一跳，发现自己竟然睡在阿南的怀里。暗淡的月光下，她看着这个看似粗线条其实胆大心细、无比温柔的男人，想象着他在城市里的另外一面，优雅地坐在办公室里，开着车夹杂在车潮中，穿着棉布衣衫和朋友聊天。也许他在都市生活时，是个严谨有礼的男人，而山野和森林会让人回归本性。如果一定要选择，她还是喜欢这样境况下的男人，不戴面具，没有伪饰，更坦荡，真实。

月光轻移，打在他的脸上，她忽然发现，他早已醒了，却不敢抽出她枕在颈下的胳膊，怕扰了她的清梦。她刚刚想说句什么，他用食指抵住嘴唇，示意她不要出声。

她和他爬起来，轻手轻脚地去寨子里散步。他牵着她的手，劫难之后，十个手指紧紧地扣在一起，没有功利，没有欲念，没有智谋。他们都知道，今夜之后，再也不会见面了，再也不会像现在这样手牵着手在异地他乡看月亮。她知道，只要彼此一松手，从此别过，各自融入滚滚红尘中，再相遇的概率，小得近乎是零。

那个布朗族村寨的月光下，那么诗情画意的夜晚，那个秉性淳厚的男人，不但穿越了原始森林，也穿越了她的生命，给了她前所未有的震撼。

回到都市里，生活恍然如昨日一般，依旧上班下班，平静安宁，现实安稳。可是，她知道不一样了，一切都不一样了，因为她的心上，留下了一个穿越者轻轻浅浅的足迹。

恋人未满，暗恋成伤

爱情之于他，像是生了一场病，今生再也不会痊愈。

他是爱她的。

十年前,他十八岁,她十七岁,他们在一个学校里上学。有一天在学校的餐厅里,他不小心把她手里的饭盒碰掉了。回头时,他看到她正怔怔地瞅着自己,从此他记住了她那双眼睛,明媚如秋水一般。

每当她步履轻盈地从他的旁边经过,他不用回头,也知道那是她的脚步声,喜悦像她的足音从他的心上轻轻地飘过。那时候,她像一朵清新的丁香,偶尔的忧郁中带着一种沉思,他远远地注视着,心中会有一种疼痛掠过。

许多次,他站在校园旁边的那条有名的情人路上等她,想把藏在心中的秘密告诉她。他是那么地喜欢她,她脸上的笑容,如水的眼眸,偶尔回头的嫣然都会令他怦然心动。远远地看着她走过来,他的心中立即被喜悦填满,带着一丝莫名的惶惑。可是她经过他的身边时,他只笑了一笑,什么都没说。高考在即,他怎么忍心惊扰她平静的心境。

她学了文,他学了理。后来她考上了华东的一所大学,而他却考上了家乡的一所大学,不久便各奔东西。很多同学都到车站为她送行,太多的言语已不能诉说。他站在别人的背后,默默地看着她,如果把心底的话告诉她,千里相隔,只能徒然增添她的牵挂。想想,他终究还是什么都没有说。

六年前,他在家乡的城里遇到了她。她悄悄地回到这个城市,在一家报社当了记者。相逢的喜悦刹那间溢满了他的心头,他想,终于有机会把心底的话告诉她了。可是她却把一个站在她身后的男孩拉过来说,这是我的男朋友。那个男孩很大方地和他握手。

他一下子愣住,满心的欢喜瞬时凝结,心中塞满了惆怅的情绪。还好他及时地意识到自己的失态,挤出温暖的笑容,寒暄、祝福,像一个再普通不过的老同学那样。

只有他自己知道，心中有多么难受，一个人跑到小酒馆里喝得酩酊大醉却不肯归。那么轻易地就失去了她，他的心中不甘，哪怕是说出来，被她拒绝了，也比现在好受。

三年前的夏天，小侄子缠着他到海边堆沙堡。他本来不想去的，可是经不起小家伙的软磨硬泡，只好乖乖地跟着小家伙去了海边，却意外地与她相遇。她穿着泳装，身上披了大块的浴巾，坐在太阳伞下面。

不是她是谁？那张脸不再像青苹果一般甜涩，看起来成熟妩媚，脸上多了动人的笑容，再也找不到当年丁香般郁结的忧伤。他的心中仍然是喜欢的，喜欢到心疼。

她说她结婚了，不是六年前他见过的那个男友。

他别过头去，心中像烧开了的水般沸腾。如果三年前跟她说了心中的爱慕，她身边的男人会不会是自己？这样想着，他的心中懊丧不已，像一个做了错事的孩子一样自责。

从海边回来后，他以最快的速度与一个喜欢自己的女孩恋爱结婚，因为他觉得自己再也没有机会了。

一年前，单位组织体检，在医院长长的走廊里，他看到一个瘦弱的背影。他的心跳忽然快了起来，他认出那是她，他紧跑几步追上去。

她看起来憔悴多了，脸色苍白。他呆住了，时光纷纷从眼前褪去，这个世界里仿佛只有她一个人站在他的面前。

"我爱你。"

十年前他就想告诉她这句话，可是分分合合一直没有机会。她笑了，一直笑得流出了眼泪，因为她终于在她生命的尽头听到了他的这句话，也算人生无憾。

　　他一直以为没有机会告诉她，原来有那么多的机会，都被他轻易地放弃，轻易地错过，白白辜负了一场美丽的相遇，纵然留住暗香，不及瞬间怒放。爱一个人就是要告诉她，让她懂得，让她明白，让她珍惜。

　　她泪流满面地说："如果有来世，我们会有缘。"他长叹。来世只是自欺欺人的说法，如果有今生，谁还要来世？他像站在时光的荒野上，疼痛一阵一阵地袭来。如果当初能够勇敢一点，如果当初不那么优柔寡断，我们的人生即便不是异彩纷呈，但必定不会是现在这个样子。

　　不说来生，只说今世。他打算在医院里陪着她，走完最后的生命历程。

　　她答应了，脸上的笑容前所未有地灿烂，遮住了她病中的苍白。她说："窗外那些丁香真美，香得让人迷惑，你去采一枝送给我。十年前我就想拥有你亲手送给我的丁香。"

　　他抱了满满的一怀丁香，可是病床上空无一人。她走了，就这样从他的眼前消失了。

　　那些丁香纷纷落到地上，他狂奔出医院。大街上人来人往，他站在人流中，身旁车如流水，时间仿佛静止。他到处找她，看见人就问：有没有看见一个女子？她生病了。没有人知道答案。

　　他止住脚步，心中忽然明白，找下去也是枉然。爱情之于他，像是生了一场病，今生再也不会痊愈。

紫藤花下的诺言

总有那么多无可奈何的悲剧,让美如春花的诺言,在风中凋谢,成为一段遥远的记忆。

那年夏天,他去父亲所在的小城度假。自从父亲和母亲离婚以后,他每年夏天都会来小城住上一段时间,陪陪父亲。

小城很美,背山面海,海风、绿树、涛声,像明信片上的风景。看渔人出海,看海边落日,他每天舍不得睡觉,在海边流连到很晚。赤着脚,在沙滩上翻石板,捉小螃蟹,然后把小小的,只有指甲大小的螃蟹放进瓶子里,看它们在光滑的瓶子里无处爬行。这样的恶作剧成为他一段时间里最快乐的时光。

有一天,他从海边回父亲家的时候,在篱边的紫藤花架下遇到一个女孩。她身上穿着脏得看不出颜色的棉布裙子,赤着脚穿一双旧凉鞋,两条麻花辫已经快散开了,脸上犹有泪痕。

看见他,她停下了脚步说:"大哥哥,你看见我们家的猫了吗?"那是他第一次见到田小甜,一个比他小三岁的小丫头。

她打手势比量着说:"它有这么大,身上有白花,尾巴尖上也有白花,叫起来很难听,可是我妈妈喜欢它。"

他摇了摇头。她失望地转过脸去,背对着他,肩膀一耸一耸的,他猜想她是哭了。果然,她哽咽着说:"大家都没有看到,小花猫真的丢了,我再也回不了家了。"

平常,对于这样一个小丫头,他是懒得理的,她们就会哭鼻子,都特难缠。可是看她哭得可怜,他心生恻隐,慢慢地蹲在她身边。他长久地注视她的眼睛,她的眼睛又黑又亮,噙着一汪泪水。

他说:"小丫头,不就是一只猫吗?丢就丢了,有什么了不起啊,至于哭成这样吗?"她用手背抹了一下眼泪。她手很脏,抹了一个大花脸,他想笑,却不敢。她板着小脸,严肃地说:"你不懂,这只猫是我妈妈的,猫没有了,妈妈就不要我了,因为我又有小妹妹了。"

他不大懂她的话,随手把手里的一只海螺送给她,说:"只要你乖乖地不哭,这只海螺就是你的了。把海螺放到耳朵边上,就会听到海浪的声音,这样你就不会害怕了。"

她真的把海螺放在耳朵边上,左听听,右听听。他问她:"你听到了什么?"她稚气的小脸上绽开了笑容,说:"我听到海螺里有人在说我爱你。"他忍不住笑了,在她的鼻子上捏了一下,说:"小丫头,你知道什么是爱啊?"她不笑,一本正经地说:"不信你听,真的有声音说——我爱你!"

那个假期,他和这个小丫头成了无话不说的好朋友,他知道了她的母亲其实是继母。他偷偷拿了父亲藏在花瓶底下的钱,去附近的集市上买了一只和他们家走失的那只猫很像的小花猫送给小丫头,终于帮她在继母面前蒙混过关。也因此,他们之间多了一个小秘密。

回城的那个早晨,小丫头跑来送他。当她出现在他面前的时候,他还是吃了一惊!她脚上的凉鞋跑丢了一只,头发也跑散了,额上有汗,脸上有泪。她看到他,还没开口就笑了,说:"以为赶不及呢!你还没走,真好!"那一刻,他的心中有些微温的感动。

那个有着薄雾和露珠的早晨,他和小丫头约定,给彼此写信;每年夏天,他来看她;等她长大了,她去找他。

那之后,他常常收到小丫头的来信,事无巨细:说她长高了;说她又升了一级,她的新老师是一个很帅的白马王子;说那只猫不肯吃东西,饿得走路都打晃;说她每晚睡觉都抱着那只海螺,真的能听到海浪的声音……总之说的都是生活中的细节。

有时候他会回她几个字,有时候他只是默默地看,一个字都不给她回。她每一封信的后面都缀上一句:"等我攒够了钱就去看你。"

初中三年,这些信陪伴着他。有同学怀疑是情书,曾想方设法地骗他离开,只为偷看这些信,得逞之后,都大失所望。

三年之后,小丫头考上了他们这个城市最著名的大学的附中,她下了决心要留在这个城市里,要留在他的身边,所以对于他的有意疏远并没有察觉。

打电话给小丫头,他告诉她自己考上了外省的大学。小丫头沉默了几秒钟,然后对着话筒大喊:"你说话不算数!小时候,跟我在紫藤花下说好了,每年夏天你都来看我,结果呢?你一次也没来。等我长大了,去找你,可是你又要逃,你怕什么?怕我吗?我吃人吗?"

他说:"小丫头,你听我说……"

"别叫我小丫头,我叫田小甜。"她的声音里充满执拗。

他沉默,良久,轻轻地挂了电话。

坐在火车上,他想起十三岁那年夏天的海风、绿树、涛声,明信片上的风景一样的小城,小丫头穿着脏不拉几的衣服,用充满童稚的声音问他:"大哥哥,你看见我们家的猫了吗?"

他的泪已决堤。他不知道怎么跟她言说。有一次跟同学打球,他不小心被篮球砸到眼镜,镜片碎裂,扎进眼睛,血肉模糊。左眼视网膜被划伤,除了眼睛上下的数条缝痕,眼睛的视力也迅速下降,半米以外什么都看不清。

紫藤花下的诺言,终于被风干成一场美丽的记忆。

提拉米苏的悲伤

原来失恋只是一瞬间的感觉,原来失恋只是一种心情。

几年前,来自意大利的甜点提拉米苏成为一股风潮,席卷了整个城市,连城市的空气里都充满了馥郁的甜香。她朋友说:"提拉米苏入口的感觉,有点像爱情的滋味,甚至比爱情的滋味更让人沉醉和心动。"

她在一条不起眼的街上找了一家正宗的意大利餐厅,品尝这种美食。绵软润滑的奶香,咖啡的甘中微苦,滋味十足。朱古丽的芬芳,白兰地朗姆酒的醇美,像许多种生活的滋味重叠在一起,幸福感与味觉同时迫不及待地苏醒过来。

一直以为只有正宗的意大利餐厅才有得卖,后来她才知道,其实稍微正规一点的咖啡馆里都有。每天下班,路过街口的那家咖啡馆,她都会驻足,不是为了喝咖啡,而是为了享受提拉米苏那种精致的小点心。要上一块,静静地坐在落地窗前,看窗外车如流水,行人匆匆。那一刻,心情松弛,悠远而闲适。黄昏之后,残阳斜照,时光长了脚似的,悄悄地溜走。这样的时刻,总会让自己感动,是一天中最惬意的时光。

有一天傍晚,她不小心把盘子中的银匙碰落到地上,刚想弯腰去捡,却已经有人悄悄地把银匙递过来。顺着这只手看上去,原来是一个年轻的男人,浅浅地笑着。她接过来,说了谢谢。他没有说话,只是摇了摇头。

她常常在这家咖啡馆里碰到他,没有说过话,喜欢他关切温暖的眼神和明朗温厚的笑容。心情不好的时候,只要在这家咖啡馆里碰到他,只要在那个角落里静静地坐上一会儿,她心中积郁的怨气便会烟消云散。

后来,她不再是单纯地去吃提拉米苏,心中多了隐隐的期盼和喜悦。比提拉米苏更让她甜蜜的,是他的眼神。

终于有一次,她心中烦闷无比,抑郁地去了那家咖啡馆。他似乎看出她的不快乐,招呼她看他制作提拉米苏的全部过程。他的手在她的注视之下,流动着诗一般的韵律,灵巧、剔透。从来没有见过一双男人的手,会是那样细致与优雅,一层浸透了咖啡、酒与手指饼干,一层混合了蛋、鲜奶油和糖的芝士糊,一层一层叠在一起,最上面洒了薄薄的一层可可粉。小巧、精致、色彩鲜艳,还没有吃,心已经被这种甜点融化。

她看着他,一直看着。他低着头,聚精会神地做着手里的事儿。那些小点心在他的手下,宛若艺术品一般,他的手指充满了神奇。

停下来后,他抬头看她,眼神中有一丝羞怯。

自始至终她和他都没有说过什么话。

空气中仿佛弥漫着暧昧的味道。直到有一天,她在街边看到他时,他和一个女孩在一起,两只手熟稔地牵在一起,十指相扣。她忽然觉得心脏没有来由地钝疼,她盯着两只牵在一起的手,眼泪不由自主地漫出来，心情也跟着潮湿起来。

有什么理由难过？和他没有承诺，没有海誓山盟，甚至连话都没有说过几句，从来没有开始过，可是现在她却分明觉得自己失恋了。

从此她再也没有去过那家咖啡馆，虽然日日从那家咖啡馆的门前经过，但感觉却像隔着千山万水；也没有再吃过提拉米苏，她失去了对提拉米苏那份本能的味觉。

原来失恋只是一瞬间的感觉，原来失恋只是一种心情。

角落里的"鸦片"男人

光阴不候，昨日渐远，等走过那段路再回望，当初的坚持，曾经的执着，都是我们情感深处的一厢情愿。不属于你的东西，要学会尽早地放弃。

在一次私人聚会上，她遇到了他。

他是一个温厚的男人，长着一双秀气的眼睛，眼神安静、温润，一副波澜不惊的样子，仿佛在场的人、事都与他无涉，他只是一个局外人，只是一个过客。隔着人群，她看见他静静地坐在角落里，慢慢地品着一杯绿茶，脸上是与世无争的神情，那神情竟让她莫名地着迷。

她很快注意到一个细节：他习惯性地擦拭嘴角的时候，用的不是一次性的纸巾,也不是湿巾,而是一块叠得整整齐齐、折成方块形状的手帕。鹅黄的细格子,淡淡地有一丝"鸦片"香味。那一款男用香水,一直被她所钟爱,所以很熟悉那种味道。即便味道很淡,即便离得很远,她仍然能清晰地分辨出来。

这个时代,已经不再有人用手帕,一次性的纸巾、湿巾,方便、快捷,用过之后不用洗涤,顺手可以当成垃圾扔掉。可是他却不合时宜地用一块折叠整齐的旧手帕,因此她断定他是个温情的老式男人,一个有些恋旧的老式男人。

她对他有了好感,那种感觉让心中莫名地充盈起来。远远地注视着他,想他是怎样的一个男人,不由想得痴了,一直到他端着那杯茶一步一步朝她走来,她才回过神来。相视而笑,陌生刹那间被驱赶得无影无踪,剩下的仿佛是前世遗留下来的一抹熟悉而温馨的笑容。

之后,他会在午后,暖暖的阳光细碎地洒落一地的午后,也或者是细雨霏霏的午后,总之都是午后,打电话给她。声音不急不缓,徐徐的,如清凉的水,一直流淌到她心中。

他从不会在清晨打电话给她,仿佛怕惊醒她的美梦。他含情脉脉的眼神、饱含深情的话语、无微不至的举动都让她感动。他会在电话里说一些陈年旧事,抑或只有一句问候,抑或什么都不说,就那样默默地听她细微轻柔的呼吸。

一切都变得模糊而又黯淡,愈来愈清晰的是他微微陷进去的眼睛。他看她的眼神如同一道微疼的伤口,她不可救药地爱上了这种痛。这种痛,是爱一个人的感觉,新的天,新的地,连平常每天都看的风景也不觉得厌。

有一天下班后,走在街上,她忽然看见街边的一家绣品店里有手帕卖,是一些手工很精细的、绣着花边的真丝手帕。刹那间的狂喜注满了她的心间。这样的手帕,商店里已经很少有卖的了——那份可遇不可求的感动一直让她怀念。

她脚步踟蹰一下,便欣喜地奔过去,和小店的老板攀谈起来,才知道这些手帕来自遥远的江南水乡,难怪手帕上有一股温润的水汽。手工精巧细致,这是在工业时代难得见到的手工制品。

她是想到他才想到手帕的,于是挑素淡的颜色买了一打。她心中盘算着,每过一个月便送给他一块折叠好了的手帕。这些手帕都送完,要整整一年的时间,一年的时间彼此心心相念。这样想着,她耳热心跳,仿佛偷了人家的东西一般——对了,是这种感觉。

再看到他,她装成漫不经心的样子,送一块手帕给他。第一次他觉得很新鲜,感到了她细致体贴的关爱,生活中这样一个小小的细节被她收在眼里,记在心上。于是他便有了感动,深深的,深深的,于是牵住她的手说了谢谢。

她第二次送他手帕的时候,他拿在鼻子底下嗅了一下,给了她一个阳光般的笑容,除此之外再没有多余的话,她的心底有了一丝淡淡的失望。第三次送他手帕的时候,他有些淡淡的迟疑,但并没有拒绝,只是对她说,以后别再麻烦了!她听了心中有一丝难受的感觉,但瞬间一闪而过。第四次送他手帕的时候,他看都没看便揣进了口袋里。第五次送他手帕的时候,他竟有些隐忍的样子,让她大受刺激。第六次送他手帕的时候,他终于受不了了,带些嫌恶的口吻说:"你会不会玩点别的花样?"

她回到家里,找出剩下的半打手帕,想起所谓的爱情。呵,男人,也不过如此,甚至厌烦她送给他手帕,而她不过是想把关爱分期支付给他。

真爱一个人不会很辛苦,爱会包容一切,这样的廉价爱情不要也罢。

她把那些手帕折叠整齐，最后一次洒上她喜欢的"鸦片"香水，尽管心中有些不舍，可还是一块不留地扔进了楼下的垃圾筒，和所谓的爱情诀别。

偶尔，她会想起他，觉得他如同"鸦片"香水，神秘的东方香味有着无法抵御的销魂魅力。这种内敛的男人，前调优雅，中调绵长，只是后调有点令她倒胃口。

木棉花开的季节，思念成灾

每年三月到四月，木棉花开的季节，他都会那么地想念一个人，以至于，思念成灾。

来的时候，街道上开满了木棉花，一树一树，没有叶子只有花儿，热闹而纷繁，染红了半边的天空。一个人在这里漂泊，心中的凄惶、孤单，还有茫然，伴随着淡淡的乡愁，把一颗心装满到没有一丝缝隙。是那些美丽的木棉，让他忘记了心中的不快，忘记了食无粥、居无所的窘迫。

他几乎是以孤注一掷的姿态从北方的一座城市南下，没有久远的人生规划，也没有不切实际的妄想，只带着一颗不安分的心和对未来的无畏，义无反顾地乘兴而来。

令他意想不到的是，来了很久，都没有找到一份理想的工作。本以为凭着口袋里的文凭，年轻，无畏，很快会适应这里的生活，像一滴水一样融入这座城市。然而，自己像一个慌乱而任性的小孩子，在迷宫里四处闯荡，却始终找不到出口。口袋里只剩下几枚叮当作响的硬币时，他终于向自己妥协，去了一家生产玩具的工厂里暂且栖身，做销售工作，慢慢等待机会。

工作很辛苦，加上人生地不熟，他虽然天天在外面跑，业绩却并不理想。窘迫的处境，艰辛的生活，令他时常犯旧疾：念书时，口袋里没有多少钱，常常饥一顿饱一顿，落下了胃疼的毛病。

他不是一个坚强的人，他几度都想当一个逃兵。如果不是遇到慧，他未必会在这座城市里坚持到今天。

有一天下午，从外面回来，忽然觉得胃部一阵阵地痉挛。他用手抵住胃，知道自己又犯了老毛病，额上有细密的汗珠渗出来。每次饿的时候，他都会出现这种症状，虚脱了一般。

办公室里的同事纷纷围过来，七嘴八舌地问他是不是病了，要不要去医院。他忙说没事儿，只是胃有点难受，吃点东西就好了。

一个叫慧的女孩，从一只精致的纸袋里拿出一个汉堡递给他，他没有客气，接过来狼吞虎咽地吃起来。

慧倒了一杯水给他，说："慢点吃。"温软的粤式普通话，让他觉得仿佛是天籁之音。他迟疑了一下，但还是像猪八戒吃人参果一样，还没有吃出什么滋味，汉堡就已经下肚了。说实话，那是他吃过的最好吃的食物。

等他渐渐缓过来，才有心情打量这个女孩。她长得细眉细眼，长发，不爱说话。每天上下班她都提着一只精致的纸袋，上面多数都印有广告，他曾经跟她开玩笑："你替商家免费宣传？"她瞪他一眼说："我才没有那么无聊。"

后来又有几次胃疼，每次慧都会像变戏法似的，从小小的纸袋中拿出食物，有时候会是几块饼干，有时候会是两个包子，每次都非常及时。时间久了，他对她那方小小的纸袋产生了依赖，自己不备食物，饿的时候就去她的纸袋里找，她总是宽容地看着他笑。

4月，木棉花几乎全谢了，不知不觉中，来到这座城市已经两个多月了。星期天去街上买东西，看到满地厚厚的木棉花，他不由呆住，觉得窒息。抬头忽然看见慧蹲在一株木棉树下，把木棉花一朵一朵装进一个塑料袋中。他走上前去，笑："学黛玉葬花啊？"

她摇了摇头，答道："吃。"他大惊。她笑问："煲汤或者腌制，吃过吗？"他摇了摇头，她说："明天带给你吃。"

他的心中多了几分期许，想着木棉花吃起来不知会是什么滋味，忽然觉得日子好像也没有那么苦了。

第二天他从外面回来，并没有看见期许的一幕。慧走了。他从此再也没有看到慧，更没有吃到她做的木棉花。

她的纸袋放在办公桌上，他伸手向纸袋里掏，掏了半天，什么也没有。那一刻他又失望又不甘，索性把纸袋倒过来，从里面飘飘悠悠地掉出一张小纸条，上面只写了三个字："喜欢你。"他呆住，这丫头喜欢自己，却从来没有说起过。

他急忙问同事："谁看到慧了？"坐在慧办公桌对面的沈姐说，她昨天辞职回乡下老家了，她的母亲得了重病，需要人照顾。

他抱着那只纸袋，心里很难受。原来自己对慧一无所知，不知道她住在哪里，也不知道她的家世背景，她自己也从来没有说过。他只是过分关注她的纸袋，那里面有他需要的食物。

沈姐说："傻小子还没吃够啊，你吃的可都是慧的午餐。"他不知道说什么好，千言万语，如鲠在喉，自己可真傻，傻到不知道她在喜欢自己。

就那样与一个女孩擦肩而过。

他曾经到处找她，按照她留在公司里的地址找过去，她早已不在。打听她的消息，有人说，她陪母亲去外地看病了。他也曾打过她留下的电话号码，拨过去，竟然是空号。

几年之后，他的工作和事业都有了很好的发展，但无论什么样的山珍海味，大小宴席，都没有那个汉堡让他记忆深刻。每次看到漂亮精致的纸袋，他都会珍藏起来，像一种癖好。其实他知道，自己不舍的，只是纸袋里的一份爱情和真心。

他从此再也没有离开这座城市，因为心中存了一个傻念头，觉得只有在这里，才会离慧近一些，感受着她的存在，她的温暖。

每年三月到四月，木棉花开的季节，他都会那么地想念一个人，以至于，思念成灾。

最暖的季节，就是有你的冬天

两个人在一起，冬天也像是春天。只要两个人在一起，冬天再漫长也会过去的，一切总会好起来的。

从江南小镇，一路奔到冰天雪地的北方，怀中始终抱着那两条嘟嘟鱼,带它们上火车,下火车,从江南到北方。

当她捧着那两条嘟嘟鱼出现在他面前的时候,他惊讶地张大嘴,傻傻地问她:"你怎么带它们来了?这么低的气温,它们不会活很久。"她一边打量着他的"狗窝",一边回头对他笑:"让我证明给你看。"

他使劲地搓她冻得发红的手,嗔怪道:"连起码的保暖防护都没有,到处跑,冻掉了耳朵,别哭着喊着找我要。"

是的,这儿真冷,一下火车,冰凉的风立即吹透了她单薄的衣衫,冷得她想哭,冷得她都说不出话来。

他的"狗窝"在城乡结合处,是一间民房,没有暖气,放在厨房里的半碗水,转眼间便结成了冰。尽管知道很冷,但对于她这个生长在江南的人,终究不知道冷是一个什么概念。他给那两条嘟嘟鱼盖上棉被,然后留下一点点缝隙,让它们呼吸,然后给她穿上他的棉袄,让她在家中等他,他去街上给她买羽绒服。

等待的间隙,她的鼻子有些发酸。他一直告诉她,说他过得很好,他只是为了不让她担心。在这个阳光稀薄的城市里,那些东欧风格的城市建筑,那些繁华与美好都与他们无关。他们住在这个据说不久就要拆迁的房子里,规划着自己的未来,茫然不知所措。

穿着他买来的银色的羽绒服、高筒的靴子,戴上长围巾,一下子暖和了很多。他去上班,她清理着他的小屋,把空酒瓶子扔到装方便面的空箱子里,然后一起扔掉。以前他是不喝酒的,可是现在他在这儿学会了喝酒,有时候也会让她喝两口,据说是为了保暖。然后她又跑了很远的路,买了窗帘和一棵大白菜,她想以后不会再让他吃方便面了。

做好这些,她四处打量着,这个"狗窝"多少有了一些家的味道、家的氛围。

然后就开始到处找工作。她不能总让他养着,他们要积攒下一些钱,买房子,然后结婚,在异乡生根,散叶开花。

以为揣着口袋里的文凭,还有工作经验,想找一份工作还是比较有把握的,谁知道把问题想得太简单了。很多单位都以她不是本地人,家不在这里,存在不稳定因素而拒绝她。

那一段日子,真的很灰暗。两个人在一起,光有爱情是不够的,还要有面包,还要有利于爱情生长的养分。

每天出去找工作,拖着走了一天的双腿,毫无结果地疲惫地回到家里,和他拱到一起,看小小的嘟嘟鱼在鱼缸里打架。它们打架的方式很特别,当它们两个相遇时,双方会习惯性地伸出长嘴唇,用力地"吻"在一起,长时间不分开。不过这不是爱的表示,而是保卫各自的地盘不受侵犯,直到一方退出,才会宣告"接吻"结束,战斗结束。

每次欣赏完嘟嘟鱼的表演,他都会坏笑着说:"我们也学它们打架吧!"她转身逃命,但那么小的一间房子,那么轻易地就被他捉到。

这两条嘟嘟鱼给他们异乡单调、寂寞、失意的生活带来了很大的乐趣,每天晚饭后,他们都会把鱼缸从被窝里抱出来看一会儿。这两条热带鱼,跟着他们受了很多苦,它们需要阳光和温度,却天天躲在被窝里取暖。

这样的日子不知过了多久,直到有一天,他生病不肯去医院,她知道他是担心钱不够用,除了要负担房租,还要负担她的生活。她心中很难过,觉得自己像一个包袱,让他背负得很艰难。夜里,他烧得很厉害,她跑出去给他买药,走在黑漆漆的街上有点胆战心惊。街上很少人,药房也没开门,一家家地去敲门,很多人不肯开。央求人家说等着救命,说尽好话,终于买到了退烧的药,匆匆地赶回家。他看到她，很生气，骂："这个地方治安不好，夜里很少有人出门，出了事儿，我怎么办？"

她被他骂得哭了，他伸手揽住她，有气无力地说："我只剩下你，你不能有事儿。"

她哭得愈加厉害，那种相依为命、相濡以沫的感觉，令她钝疼，那种疼一点一点渗进皮肉之中，尖锐而温暖。也是那一夜，她下决心去那家地板厂上班，做一份保管员的差事，尽管辛苦，但有了薪水，会让日子好过一点。

她是偷偷去那个地板厂做事儿的，因为他不同意她去那里，工作环境不好而且又辛苦。因为这件事情，他们已经争执了好几回。

后来还是被他知道了，他很内疚，说不能给她好日子过，所以他要换工作。她不同意，结果又吵起来，就像那两条接吻鱼，不断地吵架，不断地和好。

那个漫长的冬天终于还是过去了。她知道，生活总会好起来的。

女孩的身体，只该为爱情盛开

如果没有爱情，女孩的身体也只是一具美丽的空壳。真正爱你的人，会期待你的身体为爱情盛开。

二十三岁那年，她不顾父母和朋友的反对，放弃了小城安逸舒适的生活，一个人北上，成为寻梦的北漂族的一员。

遇到他的时候，正是她最狼狈的日子。生活拮据，工作没有着落，衣饰随意，头发乱蓬蓬地挽在脑后；住在一间早晚都看不见阳光的地下室里啃方便面度日；肌肤苍白，似乎能看得见皮肤下面的血管。加上她又是一个清冷的女子，所以身边也没有什么朋友。

偏偏他对这个异类一样的女子一见钟情。

那天她在街口买报纸，一边走，一边往嘴里塞着油条，一边翻看报纸上的招聘启事，腋下夹着的一本书什么时候掉了都不知道。他开着车，在她旁边尾随着，喊她："嗨，嗨，你掉了东西。"

喊了很久，她侧过头来看他。他笑，一脸的璀璨。她伸出一根油乎乎的手指，指着自己的鼻子问："是叫我吗？"他说："是，你掉了东西。"

把书还给她的时候，他惊喜地说："你是下午去我们公司应聘的那个女孩吧？"她错愕地点点头，其实她对他并没有什么印象。

隔天凌晨两点，她腹疼难忍，从梦中醒来，一脸的汗水，竟湿透了发丝。她摸出手机，却愣在那里，不知道该打给谁。忽然看见床头柜上的名片，她犹豫良久，打了过去，那边是一个粘着睡意的声音问："你找谁？"她说："我是前两天去你们公司应聘的那个女孩，我病了……"

想不到，他会以最快的速度赶来，把她送去医院。急性阑尾炎，医生说再晚一步有性命之忧。手术之后，他理所当然地成了她的护工，端茶倒水，侍汤奉药，竭尽心力。

好了之后，他便开始追求她。请她吃饭，陪她逛街，买一些小礼物送给她。闲时,她也会理一下这条情感线是否有发展下去的可能。答案是否定的,他不是她喜欢的类型。

跟他说起,他居然很能沉得住气,说了一句三流电视剧里的台词:"我会一直等到你爱上我。"她非但没有感动,反倒笑得岔了气。

后来,她找到一份新工作,在一家销售公司里做业务员,因为没有工作经验,致使公司损失了几十万。公司老总私下里找她谈过,只要她能把这个亏空补上,其他责任公司不再追究,否则会诉诸法律。

她一下子就懵了,到处找人借钱,末了,一分钱也没借到。这年头谁会把钱随随便便借给一个没有偿还能力的人?她像一只泄了气的皮球,躲在屋里不肯见人。公司来电话,说再不还钱就起诉。无奈,她只好给他打电话,他叹了一口气,沉默不语。

挂了电话,她冷笑,平常说如何如何爱,一说到钱就短路,就没电了,什么狗屁爱情,骗骗情窦初开的少女吧!

她赖在床上,不肯出门,不肯听电话,内心里的烦闷有如野草般疯长。两天之后,他来了,把一张卡丢在床上,随意地说:"拿去还账吧!闯祸大王。"

她犹如注水的鲜花,又如春风吹过的小草,活泛过来,跳下床,在他的脸颊上狠狠地亲了一口。

为了答谢他,隔天晚上,她亲自下厨,请他吃饭,做了几样精致的家乡小菜,开了一瓶红酒。

因为酒,她杏眼迷离,伸手把吊带裙的肩带扯下来,软软地对他说:"今天晚上我是你的,来,把我拿去。"

他心跳如鼓。妖娆妩媚的女子,自己送上门时,任何一个正常的男人只怕都不会有抵抗力。瞬间的迷糊之后，他清醒过来，低低地吼了句："丫头，你这是干吗？考验我？"她低眉潋滟，声音像风一样软："不，是报答你。为了给我还账，八十万的悍马，五十万就抵出去了，这样的情意，我不知道拿什么来表达我的心意。"

他咽了一口唾沫，说："丫头，你给我记住了，别随便拿自己的身体报答一个男人，一个女孩的身体应该留待为爱情盛开。我爱你，所以不会随便就要你的身体。"

她没有想到，他会拒绝。比爱更爱的，是他的懂得和珍惜，他比她自己更珍惜她的身体和青春。她像一棵含羞草一样慢慢低下了头，满脸涨红。

终究，她也没有爱上他。男人和女人之间，不是因为谁对谁好，就会爱上。男女相爱，除了缘分，还要讲究磁场和味道。

几乎是仓皇而逃，她离开了这座城市。

走之前，在火车上，她给他发短信："大哥哥，北漂之旅尽管撞得头破血流，但是我不后悔，因为我认识了你。你的爱，我会在心里珍藏一生，谢谢你！那些钱，我回去之后，一定会想办法还给你的。"

摁了发送键，她的眼泪滴落在手机上——但愿有一个比自己好的女孩爱上他。

她用八年时间，等一个人长大

一盆滴水观音可能很多年后才开花，一份感情可能很多年后才有结果。期间可能会有很多波折，但是不是每个女人都有那样的智慧和勇气，用八年的时间，等一个男人长大。

一盆养了八年的滴水观音，终于开花了。

她兴奋地对着电话嚷嚷："八年啊，等得我心都荒凉了，它终于开花了，简直太神奇了！它的花瓣形状像佛手一样，所以又叫佛手莲；有时候，会从叶尖或叶边往下滴水，所以也叫滴水莲。下了班，你直接过来看，否则错过花期你肯定会后悔的……"

她的声音分贝很高，他拿着手机，一声没吭，直到她啰嗦完了才有些犹豫地说："我们分手吧？"她似乎没有听清，问他："你说什么？"

他被逼得没有退路，于是很肯定地说："我们分手吧！"沉默，长久的沉默之后，她说："好吧！不过我有一个条件，你把女孩带来见我，她能过得了我这一关，我就把你移交到她手上。"他迟疑地问："你想干什么？"她笑，声音有些哽咽："我不会难为她的。"

那天，她一直盯着那盆滴水观音发呆。碧绿的扇形叶片，水汽渐渐汇拢到叶尖，凝聚成一滴晶莹剔透的水珠，慢慢滴落下来，像一个人的叹息，更像一滴泪。一时间，她感慨万千。

在纵横阡陌的街上，找到那间茶吧，推开门，身后的车水马龙、人声鼎沸立刻被关到另外一个世界。她打量了一下，这无疑是一个说话的好地方，雅致、安静，茶香、水声，伴随着轻柔的音乐，让人一下子安静了下来。

他和女孩已经先到了，女孩很安静，很纯粹，简直是她的翻版，和她想象的出入很大。她以为，女孩一定是很时尚的那种新新人类，有鲜艳的头发、很深的眼线、夸张的唇形，穿及膝长靴的那种。可是女孩不是，素洁、雅淡、年轻，坐在那里，双腿并拢，双手交叉放在膝上。

她对女孩生出好感，走过去，坐在她身边，淡淡地问："你喜欢他什么？"女孩大概没有想到她会这么直接，迟疑了一下说："他人好，诚实，会疼人。"她又问："你们认识多久？"女孩想了想说："三个月。"

她摇摇头，笑了，说："我知道你是好人家的女儿，不是出来玩儿的那种，从你的坐姿和说话的语调就能看出来。我跟你讲讲他的故事，如果你能接受，我愿意成全你。"

女孩不置可否。

她喝了一口茶，说："我和他认识整整八年，从大二的时候起，一直到今天。那天，我从学校附近的早市上，买了一株滴水观音的幼苗，小小的叶片还没有舒展开，但碧绿可爱，我像拣到宝贝一样抱着回宿舍。在学校拐角的地方，他不知从哪里冒出来，把我怀里的花盆碰落到地上，花盆碎了，花儿却依旧完好无损。他知道闯了祸，跑去街上，买了一个花盆，把滴水观音移进去。

"从那时候起，一直到今天，那盆滴水观音一直养在我手里，整整八年，从没有开过花儿。就像我和他的感情，经历过很多风风雨雨，却一直没有修成正果。

"五年前，一个学妹喜欢上他，给他写灼热的诗，跟他说滚烫的情话，他迷失了自己，跌了进去。可是毕业时，学妹跟着另外一个男生出国了，连句再见都没有跟他说，他心疼成伤，一个星期粒米未进。

"三年前,他去丽江出差,邂逅了一段浪漫的情缘。本来这种感情就是因境生景,因景生情,可是他又一次栽了进去。出差归来,各归本位,那个浪漫情缘的女主角再也没有理会过他,他却因此消沉了很长一段时间。

"一年前,他们部门的一个女孩喜欢上他,送他礼物,请他喝茶,好像还一起去看了一次电影,他又一次倾出自己的感情。可惜女孩为了升职,只是借他当跳板,并不是真心爱他。可是,他却因此几乎看破红尘,拖着我去寺庙吃素修心。"

她看着女孩,用十二万分真诚的语气说:"这样一个男人,如果你有足够的心理承受能力和安全感以及一颗包容的心,能够看到他的另外一面的好,我愿意成全你。"

女孩一语未发,对她点了点头,仓皇而逃。

他没有去追女孩,反是起身捉住了她的手,有些吃惊地问:"这些你是怎么知道的?你一直都知道?"

她点点头。

因为爱,所以她一直很敏感,一直知道他在左右摇摆,在游移不定。每一次,他在她这儿疗伤的时候,她的心都很疼。可是她知道,每一个男孩长成男人,都需要时间和过程。她一直在等他长大,等他长成男人,等他具备男人的责任感。

他拖着她的手说:"去你家吧?那盆滴水观音一定是全部盛开了,我要用照相机拍下来,见证滴水观音全盛的花期。据说花儿谢了,会结出一串红艳艳的果实,是真的吗?"

一起走在街上,灼灼白日,滚滚红尘,人流如织。她眼中有泪,想起滴水观音:每一片叶尖滴下来的水滴,凝聚了多少智慧和勇气?

第二辑
爱的港湾

一个男人对于一个女人最高的承诺，就是给予她婚姻；一个女人对一个男人最深沉的爱，就是做他的妻子。再美丽的爱情，如果没有婚姻作为载体，那么这一段爱情就是无根的浮萍，注定成为古往今来爱情悲剧中的一段。相爱的人，肯给予对方一个契约，肯给予对方婚姻，那是值得我们每一个人尊重的；因为那是对于一段感情，对于爱情的尊重。

如果爱，请深爱，如果爱，请为她披上美丽的婚纱。

婚姻的承诺是一条爱情的天梯

这是一个真实的故事。一个男人为一个女人修筑了一条通天的天路,后来有人把这条路叫作"爱情天梯"。

二十六岁那年,她的丈夫因病去世,她成了一个形单影只的女人。瞬间,生活的压力倾斜到一个年轻女人稚嫩的肩膀上。她领着四个孩子,过着举步维艰的拮据日子。

那年,他十六岁,默默承担起了照顾她的家和四个孩子的责任,担水、劈柴,凡是该男人做的体力活,都不在话下。他默不作声地做着这一切,给予她温暖和关爱,帮她撑起这个家。为了她,他放弃了许多机会,一直默默地守在她身边。

因为他的出现,她的生活里重新有了阳光的笑声,她年轻的脸庞上多了妩媚和生动。四年后,他二十岁时,向她求婚,她拒绝了,她说:"我是一个结了婚的女人,而且有孩子,不能拖累你。"

他的求婚,不但打破了她宁静的生活,也打破了整个村子的宁静。原因是,他比她小十岁,单身青年;她比他大十岁,死了男人的寡妇。爱的天平两端,无疑是不相称的。

在那个传统守旧的小村子里,他们的相爱招来了巨大的非议,口水、嘲笑、讥讽,像一个巨大的漩涡,让他们透不过气来。

二十岁的男人苦思冥想多日，最后慎重地问女人："你愿意跟着我吗？"女人点了点头。男人又问："一辈子都不后悔？"女人又点了点头。于是，男人做了一个让世人震惊的决定，带着女人到与世隔绝的深山老林里隐居，避开世俗流言。于是，一夜之间，小男人，大女人，以及女人的四个孩子，在村子里消失了。

上山后最初的日子里，他们食用从村子里带来的干粮果腹，后来靠挖野菜，食野果，忍饥挨冻，一点点开辟自己的爱情家园。

夫妻俩在山上选了一个向阳的山坡建造了一处土屋用来遮风挡雨。在房前屋后开荒种田，渴了喝溪水，过着刀耕火种的原始生活。物质上的赤贫尚且能忍受，野兽的袭击也能防御，但是精神上的赤贫却是最让人无法忍受的事情。因为他们想念山外面的亲人，想念山外面的世界，可是下山却没有路。

有一回，女人哭着问男人："是我拖累了你，让你看不见自己的父母亲人，你后悔了吧？"男人摇了摇头说："不后悔，我要为你修一条路，通向山外面，让你下山方便些。"

男人说到做到，真的开始修路。农闲的时候，男人拿上铁钎、锤子之类的工具，在崎岖的山崖上和千年古藤间，一凿一凿，极其艰辛地修建着承诺给她的"天路"。渴了喝泉水，饿了啃山竽。一双手磨出了血泡，破了落茧，一层一层，新陈积累，粗糙不堪。

女人抚摸着男人长了一层厚厚老茧的手，热泪长流，心疼地说："咱不修了，修了路也没用，反正我也不出山，我就跟着你。"男人安慰她："就快修好了，我能行，你放心吧！修好了，你就可以下山了，到外面看看。"

男人凭着惊天的毅力和对爱情的虔诚，修筑了一条通天的天路，后来有人把这条路叫作"爱情天梯"。

这是一个真实的故事,发生在重庆江津南部人迹罕至的深山中。

为你一辈子不说话

真正的爱情,只需一个眼神,瞬间明了。话语带不来爱情,真诚才可以。爱你,我可以一生无言。

他遇到她的时候,女孩正是万念俱灰之际。不过是一场小小的感冒,不过是有点发烧,不过是有点嗓子疼,谁会把这样的小毛病当成一回事呢?挺一挺,就过去了。谁知嗓子疼得越来越厉害,然后就说不出话来。她吓坏了,她是一个老师,发不出声音,怎么和那些可爱快乐的孩子交流,怎么当老师呢?

这个意外的打击,对于她来说是致命的,相处了很久的男友也因此和她分手了。她第一次那么乖巧听话地跟在父母身后,一家医院、一家医院地跑,所有的医生都摇头,说病因不明,而且延误了最佳的治疗时间,所以很有可能一辈子都治不好了。

女孩伤心绝望,青春还没有来得及绽放,花朵还没有来得及盛开,就已预知凋零的结局,怎么会不凄惶?

学校的工作没有了,她天天在家对着电脑发呆,不敢出门和人交流,孤独地活在一个人的世界里。

她一边就医,一边学习了简单的手语,一直到二十七岁那年仍然没有嫁出去。有人给她介绍了一个男朋友，是做医疗器械的，自己开的小公司。见面第一天，她就直截了当地用手语告诉人家："我是一个哑巴，不会说话，就算你不能接受我，我也不会怪你的。"

几乎所有的相亲对象都是被她这种方式吓跑的，可是他没有。他拉了一张椅子坐在她对面，用手语告诉她，我们可以相处一段时间，合则聚，不合则散。她不置可否地笑笑，心想：不用几天，他就知难而退了。

他一周来她这里两次，用手语跟她交流。他比画："我也不会说话，你看我不是活得挺好的吗？事业小有成就，家人其乐融融，还有什么比这更幸福的呢？你应该坚持治疗，一定会治好的，常出门跟人交流，晒晒太阳，你会发现这个世界依然很美丽。"

他带她去城郊的一家私人诊所看中医，据说那位头发花白的老中医祖上三代行医，对聋哑的治疗很有效果。可她不相信，说那些小诊所都是江湖骗子。两个人各持己见，争执不下，赌气谁也不理谁。

那段时间，他没有再来找她，她忽然觉得心中空落落的，吃饭没有滋味，睡觉也不香甜，对他的依恋渐渐彰显出来，她爱上了他。想给他打电话，可是说不出话来，给他发邮件，他也不回，她心中很难过，暗想：只要他来找自己，自己一定跟着他去看中医。

那天下午，阳光很好，院子里的海棠花都开了。他风尘仆仆地闯进来，脸上被汗水画得一道道的，像只花脸猫。她忍不住乐了，递毛巾给他，不知怎么眼圈就红了。他用手语比画着："好好的，怎么就哭了？"她用手语说："我以为你再也不会理我了，我太骄傲，太任性。"

他也笑了，用手语说："我不过是去出差了，是不是想我想得哭鼻子了？"

她用拳头捶着他的胸。

从那天开始，他带她去城郊那家私人的中医诊所看中医，风雨不误。有一次，下雨天，那条路满是泥泞，两个人摔得像泥猴一般。爬起来，他问她："如果你治好了，能说话了，会不会不要我了？"她用手语使劲地比画："不会，不管能不能治好，一辈子我都会和你在一起。"他感动得一把把她抱进怀里。

经过长时间的治疗，又是喝那些苦药汤，又是穴位针灸，她的嗓子终于能发出声音了。她能说话的那天，他向她求婚，不是用手语，而是真真切切说出来的那句话："嫁给我吧！"

他的声音充满磁性和感性，很好听。她愣住了，觉得有些不真实，生气地问他："你会说话，为什么装哑巴戏弄我？你的手语又是跟谁学的？"

他说："你还记得念中学时，隔壁班里有个胆小的男生，调皮的学生恶作剧地抓了毛毛虫放在他的衣服上，每次他都被吓得哇哇叫，每次都是你出来制止。也许你不记得了，可是我却永远记得。因为那个胆小的男生就是我，从那时开始，我就喜欢上你了。"

她羞涩地低下头。

他说："我不是故意要装哑巴，只是怕你自卑。至于手语，我很早就会，因为我的小表妹不会说话，小时候和她一起玩的时候无意中学的。"

她无法形容那时的感动。有些爱是说出来的，就像前男友，大难来时各自飞。有些爱却是做出来的，就像他，磕磕绊绊一路走来。

结婚以后，他们仍然保持着手语交流的习惯，她戏谑地称那是爱情的手语。

我会守护你一辈子,像当初你守护我一样

一个美丽的女子,因为偶一回眸,那时,我就发誓,此生要对她好,无论中间发生什么事情,我都不会和她分开。

遇到他那一年,她只有二十一岁,大学还没有毕业。

周末,她和同学一起去影城看电影,散场的时候,看到他。他和几个人在打架,同学随手点着他说:"你看,那个长得高高大大、斯文秀气、手臂上有一只蝴蝶刺青的男孩子是我们家邻居。"

她顺着同学手指的方向看过去,那个男孩子有一丝忧郁的气质,拉开的架势却是不相称的要拼命的姿势。她有些想笑,却笑不出来,心底里生出涩涩的滋味。

男孩子根本顾不上看她,和对手相持不下。

走出去很远,同学说,他其实挺可怜的,小时候就没有母亲,跟着一个成天不回家的父亲过日子,能学好才怪!她忍不住又回头去看他,刚好他也看了过来,目光在空中相接的瞬间,她听到心中什么东西"哗啦"一声垮塌的声音。

没及回头,男孩因为看她而分神,胸口上重重地挨了一拳,他像失去了支撑的藤蔓,慢慢地萎在地上。对手又欲拿脚踹他,她松开同学的手,跑回去,护住他,像一只愤怒的小狮子一般大吼:"别打了,别打了,会出人命的!"

大家都惊讶地看着她,停止了手里的动作。她从口袋里掏出湿巾,轻轻地拭掉他手背上渗出的血丝。他看着她,忽然就笑了。苍白的面孔,额前一缕碎发,因为这个灿烂的笑容,他变得生动起来。那

笑容令她想起一句歌词：我想要怒放的生命。

谁都没有想到，他们恋爱了。那么不相称的两个人，一个是大学生，毕业后进了一家不错的公司，成了一个都市白领伊人，一个是没有工作、成天游手好闲的小混混。然而，他们真的相爱了。

但凡恋爱的人，都想修成正果，那就是婚姻，他们也不例外。她跑回家跟父母讲，自己恋爱了，想要结婚。她生在知识分子家庭，父母都很开明，父亲说："你把那个男人领回家，我们先看一下吧！"

等到见到他，父母的脸就阴了。他的长相无可挑剔，可是他的出身，他的家庭，他的职业，以及他胳膊上的刺青，都成了父母心头的刺。他走后，母亲说："这门亲事，说死我也不能同意。你看他，哪是个正经人？正经人哪有在胳膊上刺青乎乎的东西的？二十几岁的人了，连个正经的工作都没有，你跟着他不是往火坑里跳吗？"

她倔犟地扬着头，说："这辈子，除了他，我谁也不嫁。"

父亲因为她这句话，气得心脏病当场发作，被送进了医院。母亲都不正眼看她，说："我们不会逼你，但是你必须在父母和他之间做出选择。如果你选择了他，此生就别再踏进这个家门半步；如果你选择了我们，就当从来没有认识过他。"

她哭了，眼睛像桃子一样红肿。这样两难的选择着实令人无奈。

可是，最终她还是选择了嫁他，因为他是这世间唯一的版本，再也没有重复的。而父母说是从此陌路，可是其中的血缘亲情不是一两句话就能割断的。

谁都不曾看好的这段婚姻，在她手里，却成了幸福的标本。

结婚后，他像变了一个人，不再和那群狐朋狗友混在一起，不再喝酒打架，他甚至跑去美容院里，把手臂上的那个刺青给洗掉了。他找了一份工作，从最底层的装卸工干起，没几天，手上就起了层层的血泡,他咬牙坚持着。她心疼地说:"我的薪水够咱俩用的,你别太拼命了。"他乐了,说:"我是男人,不吃点苦,怎么养家?怎么养你?"

她由着他去折腾,他居然做得有声有色。先是加薪,后是升职,然后有了自己的小公司。没几年的时间,他的公司已经初成规模,他们换了大房子,买了新车。

许多人以为他有了钱,会骄纵,会变坏。谁知道,他还是像从前那样,回家做饭,出差给她买礼物,晚上从来不在外面留宿,怕她一个人在家里害怕,即使出差,也会每晚打电话回家。她怀孕以后,行动不便,他甚至每晚给她洗脚。听别人说她的母亲犯眩晕症住进医院,他更是跑前跑后,煮粥,炖汤,陪宿。她的母亲终于被他感动,认下了这个女婿。

闲时,她问他:"想不到你会对他们这么好,你不恨他们吗?"他摇头,说:"不恨。感激还来不及呢!如果不是他们生了这么好的女儿,我就不会有这么好的妻子;没有这么好的妻子,就不会有我的今天。当初他们的极端,我能理解,如果我有了女儿,想来也不会让她跟着一个不良青年。"

她依着他的肩膀,眼睛湿了。从恋爱到结婚,整整十年的时间,他们的爱情终于被父母承认了。她又问:"你为什么对我这么好?"他说:"当年,在影院门口,一个美丽的女子,因为偶一回眸,像小狮子一般护住我。那时,我就发誓,此生要对她好,一辈子,无论中间发生什么事情,我都不会和她分开。"

偶然一回眸,只为你回眸,成就了一段美丽姻缘。

有个"傻瓜",爱了你好久好久

十年修得王小贱,百年修得柯景腾,千年修得李大仁。多幸运,才能遇到这么爱你的"傻瓜"?

那年,是上高中吧,他从外校转学过来,第一眼看见她,便傻傻地瞅着她看。她跟一帮同学在说笑,一转头,看见他傻子似地盯着自己,忍不住笑了:"喂,刘大伟,你看什么啊?我脸上结出大米了?"

同学们一阵哄笑,他窘得不知所措,脸一直红到耳朵根,小声嘟囔:"你长得好看,我多看两眼又不犯法。"

考大学之前,他曾偷偷地问过她:"你准备报考哪所大学?我们一起。"她笑,恶作剧地说:"我的成绩那么烂,考上哪儿算哪儿。"他一再追问,她才故作神秘地说:"别告诉别人,我打算报上海交大。"得此信息,他如获至宝,美滋滋地去了。

转眼高中毕业,同学们风流云散。她考上了北京一所心仪的大学,他去了上海,一南一北,从此再无交集。

大二的时候,她开始恋爱。青葱岁月,栀子花一样清新和美丽,怎能辜负如此华年?

他叫林枫,是个有名的校园作家,自负,洒脱,才气纵横。在图书馆借阅的时候,首先映入他的眼帘的,是她穿着草编凉鞋的纤美秀足。他埋首于书桌,顺着那只趾甲上点点落红的脚,一路看上去,他开始心慌气短。

他花了很多心思追她。他的家境好,小说卖得好,因此有闲钱给她买小礼物。

周末晨昏，她和他牵着手，终于成了校园里一道耀眼的风景。

也是那个时候，她居然在校园里遇到高中时的同学刘大伟。她有些吃惊，问他："你怎么会在这里？如果我没有记错，你该在上海啊！"他惊喜地说："我是去了上海，念了不到一个月就退学了，复读之后考到这里，比你低一级，是你的学弟。"

她忽然就笑不出来了，笑容瞬时僵住。这个人，真的很傻很天真，自己的一句玩笑话，他竟然……

她还是戏弄他，并没有因此而改变。她和才子林枫一起去图书馆看书，他会提前跑去给他们占坐。她和才子一起去影城看电影，他会提前跑去给他们买票。他不介意当他们之间的"第三者"，当他们之间的陪衬。可是她却是介意的，让他去校门口那家冷饮店买绿豆冰，他当真颠颠地跑去买。路途远，沙冰化成一摊稀水，顺着指间滴滴嗒嗒……

快毕业的时候，她忽然得了一种怪病：掉头发。满头青丝，只一两个月的时间，便掉得所剩无几，美丽的容颜因为少了那些秀发，暗淡了许多。再也看不到她和才子十指相扣，走在校园里。林枫说他要闭关写小说，不能再荒废时间了。她心里明白，这些都是借口。

她开始近乎自虐地照镜子，不停地照，然后再把那些小镜子摔成碎片，一地的碎片像他们的感情，已无力回天。

刘大伟跑去安慰她，给她买了有绒线球球的帽子，她抓起来，一把扔到楼下，压抑了许久的情绪终于爆发："你嫌我还不够丑啊？买小丑一样的帽子给我戴，以后不要让我再看到你……"

毕业后，她去了一个偏僻的小城，那里没有人认识她。她的头发依旧没有长出来，她试过很多药，都没用，她有些绝望。

长裤换成了裙子，长靴换成了细带凉鞋，终于在公司门口，她看到了那个很傻很天真的刘大伟。他提着箱子，臂弯里搭着衣服，一身的倦怠和尘土，很显然，他经历了长途的旅行之后，才到达这里。他笑："我无家可归，你收留我吧！"

那一刻，她有他乡遇亲人的感觉，把头抵在他的肩上，无声啜泣。一个人挣扎太久，终于有一个肩膀可以依靠一会儿。

他带她到处求医。听人说香榧子、核桃治脱发效果好，他千方百计地买回来，制成洗发水给她用。听说柚子核治脱发有效果，他就去超市买了一大堆柚子，然后不停地吃，吃到肚子疼。她说："不至于吧？"他傻笑，很天真地说："取核是为用，但也不能糟践了好东西。"

秀发终于重新回到了她的头上，她开心地喜极而泣，拉住他的手说："我们结婚吧！"想不到他摇了摇头拒绝了，天真地说："等你心甘情愿想嫁给我的时候，我再娶你！我不想乘人之危。"

两年之后，她去北京出差，遇到一些旧同学，也遇到那个颇为自负的才子。此时，她早已不再是大学毕业前那个仓皇落魄的丑小鸭，而是一个风情万种的女郎，一头浓密时尚的短发，耳朵上闪闪的耳饰，眼眸如水。才子奔过来，拉住她的手说："你也太狠心了，一走了之，连个消息都不给我。"他抵着她的耳朵缠绵："想死我了！"她对他颇有些暧昧和调情的话语，掷地有声地回了一句："请自重！"

离去的时候，她想起那个很傻很天真的人，一句玩笑话，害得他南下又北上，折腾了一圈，耽误了一年。她去北京，他也跟着去北京。她要吃沙冰，他像捧着珍宝一样捧着化成一摊稀水的沙冰。她去小城，他也回小城。她说什么，他信什么。

他不傻，他也不天真，都是一个"爱"字害得他乱了方寸，这样的男人不嫁，还等什么？

爱情里，没有什么道理可言，爱情不等式，也许就是最好的爱情公式。

二手男人一手爱

有种二手男人，燃烧过一次，因为氧气不足成了木炭。但只要给他一点火种，就能够收获到他的温暖和激情。

那时候，她在一家报社上班，去他的公司采访，他出面接待了她。采访是在他办公室里进行的，采访到一半的时候，她忽然觉得肚子疼。从洗手间出来，她发现白裤子上赫然飞着一朵"桃花"，刺眼、醒目。

她的脸瞬间绯红，原本犀利尖锐的提问一下子混乱起来。事发突然，并没有防备的她一直在想：待会儿采访完了怎么回家呢？这个棘手的问题纠缠着她，使她心事重重。

直到采访完成，她还赖在椅子上不肯起来。直到他下班了，她仍直挺挺地坐着。他似乎看出了她的紧张和不安，随意地问："你的衣服是什么牌子的？"她愣了一下："艾格。"他站起来，眼睛却是暖暖的:"你在这里等一下,我马上就回来。"那一抹浅浅的笑容,如纯棉一样熨贴和舒适,她的心温柔地牵动了一下。

他下了楼,她从窗口看着他的背影,猜想:他有三十多岁了吧?少了二十岁的浮躁和青涩,说话的语速不急不慢,走路的姿势沉稳有力,就连笑容都深浅适度。这样的男人,不知哪个女子有幸与之携手共度人生。

慢慢转回身的时候,她一眼瞥见他的办公桌上有个精致的玻璃镜框,里面是一个年轻的女子,穿淡蓝的绒衣,眼睛明亮,很有灵气的样子。能够摆在一个男人办公桌上的女人照片,她若不是妻子,就是名分已定的未婚妻。而且,想必他们很恩爱……

她正胡思乱想的时候,他回来了,手里拿着一条和她身上一模一样的白色长裤。"你试试,看看合适不?"他转身退出门。

那条裤子不长不短、不肥不瘦,和她身上穿的是一样的尺码。她的心中生出一丝惊喜,更平添了一份好感——世上竟有这么细心的男人,她什么都没说,他竟能从神态上了解到她的烦恼和急迫!

他在走廊里吸烟,她喊他进去,红着脸问他:"你怎么知道我的尺码?"他笑了:"我看你跟我前妻的身材差不多,就按她的尺码买的。"

"怎么,你离婚了吗?"话一出口,她就感觉自己有点儿冒昧了。他定定地瞅着桌上的照片:"她前年就不在了,因为一场车祸。"

为了表达感激之情,她执意请他吃饭。一来二去,他们熟络起来。她决定嫁给他的时候,几乎所有人都反对,仿佛她不是要为所爱的人披上美丽的婚纱,倒像是闭着眼睛往火坑里跳。父母说:"你嫁了他,让我们的脸往哪儿搁?别人会以为你嫁不掉才找了个二手男人。"朋友说："你嫁了他，要有心理准备，二手男人总会不自觉地拿你和以前的那位相比较，从一开始你就处于劣势、下风，因为他失去的在记忆里永远都是最好的。"

那么多的忠告，却没有动摇她嫁他的决心。整个青春年华里，她恪守着宁缺勿滥的底线，苦苦寻觅和等待着，没有早一步，也没有迟一步，而遇到的那个人，恰恰是他——一个结了婚，失去了妻子，在围城里走了一遭，仍能全身而退的男人。

结婚后，有几次她从他公司楼下经过，找借口去他的办公室，就为看看那个玻璃镜框里的人换了没有。看到照片，她怔了一下，照片里的人仍然是他前妻。真的像朋友所说：在他心里，失去的永远都是最好的吗？不同的是，他前妻的照片旁边多了一帧小照，是他和她蜜月旅行时拍的合影。她左手揽在他腰上，他右手搭在她肩上，两个人亲密无间，背景是流光溢彩的城市夜景。

心情抑郁的她，忍不住问他："在你心里，始终是放不下她的，是吗？"他点点头，承认得很坦荡，也很痛快，让她莫名地不舒服。然而，他说："在我心里，她始终是我的前妻。那年，如果不是她拼命地把方向盘向左打，也许今天不在世上的那个人就是我。你希望我是一个不长良心的人吗？你希望我有了新人，就忘记了过去的一切吗？如果我是那样的人，你还会爱上我吗？我之所以把我们的照片放在她的旁边，是因为，在她心里，一定是希望我在这个世上能够活得幸福，希望我们过得幸福。"

他长久地凝望着她，她的眼泪缓缓地落下来。当把头靠过去的时候，她想起在一本杂志上看到的话——有种二手男人，燃烧过一次，因为氧气不足成了木炭，但只要给他一点火种，就能够收获到他的温暖和激情。这种男人更懂得珍惜、懂得爱。当然，也有一种二手男人，燃烧过一次之后就成了木灰，就激情不再。

她的运气好，找到了前一种二手男人，得到了一手的爱。

玫瑰花与蛋炒饭

穿过岁月的层层帘幕，我最想要的，不是玫瑰花，而是你当初做给我的蛋炒饭。

那是一段非常困难的日子，困难到每个月的水电费都成了问题。生意上的失败给他带来了经济上的困窘，每个月都要扳着指头数日子。

她出差路过他的城市，去看他。他没钱请她吃饭，窘迫得说话都有些结巴。一个大男人，居然请不起一个女孩吃顿饭，而且是个年轻漂亮的女孩，还是专程来看他的。

去机场接她回来的路上，一个卖花儿的女孩拉住他说："给女朋友买一束玫瑰吧！明天是情人节，送七彩玫瑰，寓意为生活像彩虹一样美丽。才两百块，不贵的。"

他的脸瞬间变了色。搁平常，两百块真的不算太贵；可现在，一分钱也会难倒英雄汉。他紧紧地捂住口袋，那里面只有一百多块，是下半个月的生活费；买了花儿，难道剩下的日子喝西北风吗？

她看出了他的困窘，对卖花女孩说："去去去，谁是他的女友？

别在这里瞎搭对儿。"

卖花儿的女孩悻悻离去,他才长舒一口气,感激地看了她一眼,小声说:"去我家吧!品尝一下我的厨艺。我给你做最拿手的蛋炒饭!"

她点了点头。

他的手艺果然不错,蛋炒饭做得活色生香。白的米饭,黄的鸡蛋,粉的火腿,碧绿的毛豆粒,青葱、香菜,闻着香,看起来养眼。她欣喜地吃了一碗,然后喝了一杯绿茶,慢慢回味,觉得有一种说不上来的舒坦。环顾他的住处,不大的一间,很干净。窗台上养着水仙、兰花,地板上、床头柜上到处是书。一室的书香与花香,乱,却乱得很雅致。

她确信他是个会生活的男人。因为那碗蛋炒饭,她嫁给了他。

婚后的日子,自然是五月的水蜜桃,多汁而甜美。他常常会傻傻地问她:"我当时那么穷,你看中了我什么啊?"

她就乐了,说:"你会做蛋炒饭啊!我喜欢吃,却不会做,所以只好抓你回来当劳工。"

甜蜜的日子总是易逝的。没几年,他的生意又做大了,没完没了地开会,没完没了地应酬,没完没了地出差。情人节、生日、结婚纪念日,他不管在哪里,都会让速递公司送上一大捧的玫瑰给她——他早已不再是当年口袋里只有一百多块,而且要花到月底的窘迫男人了。

守着偌大的房子,忍着无处诉说的寂寞,闻着玫瑰的芬芳,她病倒了。他赶回来,问她:"亲爱的,哪里不舒服?想吃什么?我让人去酒店里订。"

她皱着眉头想了半天,说:"我想吃蛋炒饭,放了碧绿毛豆粒和香菜的那种。"

他愣了一下,想起那年,一个女孩从千里之外来看他。他请她吃的唯一的东西,就是一碗亲手做的蛋炒饭。他小声嘟囔着:"蛋炒饭有什么好吃的?"赶紧挽起袖子扎上围裙下厨。她在身后嚷嚷:"我喜欢吃,因为那里面有爱的味道。"

他的眼睛湿润了。

爱你,才会在你的世界笨拙地打扰你

世上哪有那么巧的事?你每一次倒霉,我都刚巧从你身边路过?对你有兴趣,才会去打扰你。

她和他在同一家公司上班。虽然他是她的上司,但是除了工作之外,好像从来没有题外话,偶尔见面亦只是点点头。他们的关系像一杯清淡的绿茶。

那天中午休息时,因为急着送一份报表,她没有敲门就闯入了他的办公室,措手不及,看见他正和一个女孩纠缠不清。女孩又是眼泪又是鼻涕,把他递过去的纸巾一把摔到他的脸上。他灰头土脸,狼狈不堪,回头瞪她一眼,低吼道:"没看过人家谈恋爱啊?出去!"她伸了一下舌头,扮了一个鬼脸说:"我只是来打酱油的。路过!路过而已!凶什么?你们继续!"

因为紧张,她居然忘记了把报表放到他的桌子上,落荒而逃。

那天下班时,她在电梯里遇到他,他问她:"你没有听到我们在吵架啊?你进去干吗?是不是成心给我难堪?"她嗫嚅着解释:"我只是想给你一个台阶下。谁知道会把事情弄得更糟。"

他只当她是一个没心没肺的女子。人家恋人吵架,她居然跟着凑热闹。

如果,仅仅如此,想必矛盾还不会被激化。

偏偏隔了一段时间,中午她去公司对面新开的水吧喝了一杯咖啡,回来的时候,看见他和公司新来的女上司起了争执,两个人来言去语,互不相让。渐渐地,女上司有些支撑不住,乱了阵脚,居然把女人吵架的那套俚语搬出来对付他。他自然不能和女人一般见识,脸红脖子粗地说不出话来,目光游移的时候,不知怎么就落到她的脸上。

她条件反射般地回敬了他一个明媚的笑脸。笑完了,她就后悔了。他会不会错误地以为自己是隔岸观火看他的笑话?再看他,脸色果然比先前更难看了。

因为公司业务上的分歧,他愤而辞职。因为他不能接受和一个低素质的女上司共事。他抱着纸箱离开的时候,遇到她在等电梯,他放下纸箱问她:"中午你乐什么?是不是觉得我跟女人吵架的样子很可笑,很没有素质?"她连忙摇头,笑嘻嘻地解释说:"不关我的事。我只是打酱油的,刚好路过。"

她一着急。居然又把网上的这句流行用语搬了出来。

他讥讽她:"抱歉,我辞职了,你以后再也没有热闹可看了,爱去哪儿打酱油是你的事,只要别让我看到你,就大吉了!"说着,他抱起纸箱,吹了一声口哨,悠然进了电梯,样子有点痞,但让她的心狠狠地颤栗了下。

回到办公室里,她颓然坐到椅子上,怎么也想不明白,为什么每次遇到他,就会变得笨拙无比,就会语无伦次,就会把事情推向反方向发展。

一个朋友给她打电话。说他辞职以后,独自办了一家小公司,因为轻信人言,几十万的身家付诸流水。现在他天天在他家附近的一个小酒店里借酒浇愁,喝醉了,就像祥林嫂一样,反反复复地嘟囔:"你们都不是好人,你们都是骗子。"

外面正下着雨,很大,她打了一把淡紫的花伞去找他,倾斜的雨丝还是打湿了她的衣服和鞋袜。她一脚门里一脚门外,看到他衣衫不整的样子,看到他蓬乱的长发,看到他布满红丝的眼睛,她有些难过。

他抬眼看到她,忽然笑了:"是你。丫头,你怎么跑这儿来凑热闹?真巧啊!每当我倒霉的时候,都能看见你,你说你安的什么心啊?看见我落魄,你特开心是不是?"

第一次,他的讥讽没有让她慌张,她轻轻地走过去,坐在他的对面,说:"我不是来凑热闹的,我就是来看看你好不好。世上哪有那么巧的事?你失恋的时候,你辞职的时候,你破产的时候,怎么那么巧,你每一次倒霉,我都刚巧从你身边路过?拜托你用脚趾头想想,我干嘛喜欢看你倒霉时候的那张苦瓜脸!"

他酒醒,不眨眼地看着她,长发湿答答地滴着水,一缕一缕粘在额上,黑色的眸子里写满焦灼和关注。他忽然醒悟,这个女孩一直是爱着自己的,不然谁总去看不相干的人?

他的心中慢慢生出一丝温热,像寒冬里的热茶,那种给予足以让一个人永生难忘。他一把抓过她的手,捂在掌心里,嘴里仍然调侃着:"欢迎你随时打扰。"

爱,其实并不是一个很高深的命题。爱是什么?爱是在你最倒霉的时候,仍然投给你牵挂和关注目光,仍然在你身边默默支持你。

勿忘我的花语是:永恒的记忆

中世纪的欧洲,一位骑士为了博得恋人的欢心,去悬崖绝壁采勿忘我,结果掉进了大海。现实中,男孩为了给女孩买草莓蛋糕,发生了车祸。

女孩在网上有一块虚拟的田,她给它取名"半亩花田"。她的田里永远种着一种花儿,那就是蓝紫色的勿忘我。男孩问她:"勿忘我有四种颜色,鹅黄、粉黄、蓝紫、粉紫,你为什么独独喜欢蓝紫色的勿忘我?"女孩淡淡地答:"喜欢就是最好的理由。"

男孩知道自己问了不该问的问题,于是默不作声地在"花田"里当起了园丁,锄草、施肥、浇水、捉虫,间或给她留言,都是些散淡的心情之类,比如哪条街上茶餐厅里的小吃好棒,哪家水果店新到了越南芒果、台湾槟榔,又淘到正版的老唱片了,他都会留言告诉她。天气冷了,他会提醒她加衣;下雨时,他会提醒她带伞。

他的留言常常那样散淡而不经意地躺在她的留言箱里。有时候,她会盯着他的那些留言出神,想象着男孩在街上行走,在树下徘徊,在人流里身不由己地被裹挟着向前；她甚至想象着他说话的神态、欢愉的样子。那一定是个健康阳光的男孩，眼神清澈，思维活跃……

她转动着手里的咖啡杯，神思游移。隔一两天，上网看看她的花儿是不是都开好了，顺便看看他的留言。而那些留言，她多半不会回。

现实生活里，她是一个都市白领，上班下班，自己开着车，一个人独来独往，从不与人结伴，也不见她与谁走得很近，没有人见过她有男朋友或男伴，也没有人见过她有来往密切的"闺密"。讷言、慎行，背地里，大家都叫她"绝缘体"。

她是一个时常静默的女子，静默得让人心疼和发慌，端着一杯茶或咖啡，看着阳光慢慢游移，看着那些微小的颗粒在阳光里舞蹈，看到忘记身在何处，看到忘记今夕何夕。

在那幢有着上百家公司的大厦里，早晚上下班是一大景观，匆忙的步履，得体的衣着，优雅的举止，混合着香水的气味。她被裹挟在人流里，盯着前边一个女同事美腿上的网眼丝袜，感觉虽然很风情，但总觉得缺少了点什么。正胡思乱想着，脚下7cm的高跟鞋偏偏跟她较劲，往旁边一歪，就在她快要摔倒的时候，一只强有力的手臂托住了她。她像一根藤，顺势站了起来。

她回头看了一眼，是新来的男上司，眼梢很长，头发很密，看人的时候喜欢眯缝着眼睛。他笑："你不谢谢我吗？不然你出糗可出大了。"她说："谢谢！"他压低声音："怎么谢我？你请我吃饭吧！"她冷冷地回："不。"他笑容转淡："那我请你？"她看着他的眼睛："你想追我？抱歉，我对小男孩不感兴趣。"

他比她小三岁。小不是原因，而是借口。

她以为，这样可以让他知难而退，谁知他却毫发无伤，一把攥住她的手，讥讽道："你怕什么？情商低？爱无能？难怪你这么老了，还没有人追你。"

他眼睛一眨不眨地注视着她时，她的心还是微微地动了一下，可是很快调整好情绪，耸耸肩，做出无所谓的样子——爱说什么就说什么吧！

那天晚上，她一个人喝了一瓶波尔多红酒，火辣辣的液体像穿肠的毒药把她烧着了。她对着镜子笑，然后趴在桌子上哭，大半夜的时候，打开电脑，上网。

那些蓝紫色的勿忘我全部都盛开了，像一片蓝色的花海。她打开留言箱，给男孩留言："我给你讲一个故事吧！相传中世纪欧洲有一位英俊的骑士，热恋着一位美丽的少女。有一天，他们共骑一匹马出去游玩。在海岸崎岖的悬崖上开着一朵小花，少女非常喜欢。骑士为了博得恋人的欢心，攀上悬崖去采，结果失足掉进大海。我就是那个少女，和男朋友一起出去玩儿，让他给我买草莓蛋糕，他穿马路的时候，被一辆飞驰而来的大货车带进了天国。从此，我的半亩花田里永远都是蓝紫色的勿忘我，我的世界里只剩下勿忘我。"

隔天，她收到男孩子的留言："如果你愿意，我想和你一起种勿忘我；如果你愿意，请到街角那家咖啡馆找我；如果你愿意，我会连续一周，每天傍晚都等在那里。一周之后，我们将永远错过彼此。"

她反复看着男孩的那条留言，犹豫良久，眼前晃动的却是一大片蓝紫色的勿忘我。"永远错过"，这四个字灼疼了她的眼睛。她想去看看男孩，可是她又怕自己背叛了那些勿忘我。

第七天傍晚，她终于说服自己，披上一条蓝紫的披肩，慢慢走向了那家咖啡馆。临窗的位子上坐着一个男人，眼梢很长，头发很密，喜欢眯缝着眼睛看人。

她的泪流下来,问:"是你一直在陪着我吗?"他点点头说:"勿忘我的花语是'永恒的记忆',只要我们不忘记,只要我们的心田里永远种植着勿忘我,就不算背叛自己。"

出门的时候,两只手已经紧紧地牵到一起,温暖的大手里面是一只冰冷而白皙的小手。

第三辑
烟火夫妻

住家过日子,开门七件事,柴米油盐酱醋茶,缺一不可,这是烟火夫妻必修的课目。滚滚红尘中,大多数家庭、大多数夫妻过的都是这样的日子,吃喝穿戴,繁杂琐碎,今天没米了,明天没油了,后天没有卫生纸了,所有的日子都是由这些繁杂琐碎的事情串连而成。幸福就在一粥一饭里,幸福就在汤汤水水中,需要用心体会,仔细辨认,需要知足,需要感恩。做一对烟火夫妻,是世间最温暖的事,用炽热的情感过相濡以沫的日子,用温暖的情话打磨粗糙的生活。

做凡俗夫妻,过烟火生活……

最动听的情话不是"我爱你"

平淡才是婚姻的底色。最动听的情话是"回家我养你",而不是那句甜蜜空洞的"我爱你"。

结婚前,他就不曾像别的男人那样追女孩,三天送一束花,五天送一盒浓情巧克力,七天说一遍"爱你到海枯到石烂"之类的爱情誓言。

她曾犹豫过很长一段时间,下不了决心嫁他还是不嫁?嫁他吧,不会说情话、不懂得浪漫的男人多乏味。最重要的是,你不知道他心里在想什么。虽说君子讷于言而敏于行,但是,恋人之间的那种甜言蜜语怎么能省略?不嫁吧,内心里又有些舍不得他的儒雅俊朗和才华。左右摇摆的结果是,自己安慰自己:不懂浪漫没关系,只要真心爱自己,比什么都重要。爱是爱情里最重要的因素,更何况,爱不是挂在嘴上的,爱的语言需要实际行动去描述。

披了婚纱,穿了嫁衣,蜜月里糖一样的时光很快就过去了。两个人开始了漫长而琐碎繁杂的婚姻生活,日复一日磨损与消耗,婚姻中出现毛刺,两个人开始口角。当然,只是偶尔,有时候是为娘家事,有时候是为了单位里的事,甚至为生活中的一些琐事。

她愤愤不平地想:这个人不会说情话,倒是会吵架。虽然只是偶尔那么一两句的狠话和重话,却会刺得她伤心和流泪。

单位里的年轻女孩儿每天都会收到男朋友或老公发来的手机短信,或者甜言蜜语,或者家务琐事,网上看到的一句好玩儿好笑的话也会写成手机短信发过来,害得那些年轻的女孩儿在上班时间,偷偷跑到走廊或洗手间去一条条地翻看,一边看,一边脸上露出花朵一样的笑容。

唯有她,平静得像一片湖水,永远都是风平浪静。下雨天,他也会来接她,拿一把红绸伞,站在公司的大门外等她,她看到也没有太多的惊喜和话语,好像一切都理所当然。冬天,夜很早就深了,加班的时候,他也会来接她,买一只香喷喷的烤地瓜捂在怀里,看见她出来,轻轻地递给她,然后两个人沿着有轨电车的钢轨,慢慢往家走。

那种时候,她觉得他们不是新婚的小夫妻,而是在一起生活了一辈子的两个人,生活没有任何伏笔,没任何惊喜。她问过自己若干次:这就是自己一直想要的爱情吗?在想象里,这不是爱情的本来模样,爱情应该是那种激情、唯美、忧伤,电光火石,甚至是毫不掩饰的原生态。

过生日的时候,她跟他索要礼物,他问她:"你想要什么?"她有些悲哀地想:原本他该主动送给自己一个意外和惊喜,他居然问出这么煞风景的话,这个男人到底花了多少心思在自己身上呢?他到底爱不爱自己呢?

失望归失望,她想了想,还是说:"我想要的东西你有,连续不停地说一百遍——我爱你!"他忍不住笑了:"这三个字太肉麻了,说不出口,换别的吧?"她赌气地说:"你不说,就是不爱我。"他也有些生气地说:"你这个人怎么就这么看重形式上的东西呢?说了就是爱吗?"她使劲地点头。

他无奈地叹了口气:"我说了,你听好!"她居然有些心慌气短,屏住气息,侧着耳朵,生怕漏掉一个字,他说:"我爱你,乘以一百。"说完,他如释重负地松了口气,脸都涨红了。可是她却真的生气了:"哪有你这么糊弄人的?"她转身进了卧室,晚饭也没有吃。

第二天去单位上班,她听到一个比生日礼物更令人不开心的消息,因为金融危机引发公司裁员,所以人心惶惶。她一整天都心情不好,晚上回家也没什么胃口,他问她:"怎么了?你好像不开心。"她点了点头:"有什么可开心的呢?公司裁员,还没有宣布名单,但已经听到消息,名单上有我。"

他不大相信地问了一句:"是真的吗?不会吧?"她说:"是真的,大环境不好,公司不能开源,只能节流,听说我们部门和韩国的那几个项目全部泡汤了。这就好比沉船了,总是先把那些负重抛下去,以求自保。我就是首当其冲被扔下去的包袱,据说我们部门明年若没有出口订单,整个部门都会解散。"

他不说话,两个人陷入沉默,只有白炽灯里的电流发出"滋滋"声响。半晌,她问了一句:"我被裁了,怎么办啊?"他皱着眉头,半天才说:"别怕,有我呢!回家我养你!"

她提着的心慢慢放回去,有湿气在眼睛里慢慢聚扰。一直都觉得他是个木讷的人,是个感觉迟钝的人,是个不会表达的人,一直想从他那里听到好听的情话,但他从来没有满足过自己。可是现在听到这句"回家我养你",她生出无限感慨。尽管他说得有些迟疑,有些凝重,有些忧虑,但是,她还是觉得,这是和他认识以来,所听到的最美丽动人的情话。

尽管后来,由于各方面的原因,她并没有被裁员,但那个晚上,瞬间的真情流露，一直令她心生暖意，也让她明白了一个道理：爱不是那么轻松和飘然地说出来，爱是承诺和担当责任。

瓶中是我给你的四季

爱情就像虚无缥缈的烟雾，看得见，却不一定摸得到。尽管如此，爱情还是在难以察觉的角落，等待着人们的发现，并且走过四季，颜色从不改变。

在有公交车站牌的街边，不知什么时候开了一家修鞋的小店，不大，六平米左右的样子。店主是一对中年夫妻，男人纯朴憨厚，说话时，脸上总带着谦恭讨好的表情。女人灵巧勤快，看着过往行人的脚下，招揽生意。

小店说不上干净，杂七杂八的零碎东西堆了一地，还有一些要修的鞋，装在塑料袋里，挂得墙上到处都是，显得很凌乱，很拥挤。倒是旁边一个小方桌上，一个细颈的玻璃花瓶，瓶颈处系着淡黄色的蝴蝶结，在阳光下显得玲珑剔透、雍容华贵，是修鞋店里最耀眼的风景。

瓶子里的水到三分之二处，插着一枝亭亭玉立的红玫瑰，在又小又暗的鞋店里，显得明艳照人，招惹得过往路人不停注目。看不出这个乡下进城打工的男人，竟然有这样诗情画意的浪漫情怀。

女人把脸贴在丝绒一般柔软的玫瑰上,深深地嗅了一下,然后娇嗔地问男人:"你刚才不是说上厕所吗?说吧,花了多少钱买的这枝玫瑰?"男人吭哧了半天才说:"前几天,旁边那家饭店开业,人家送了很多花篮,我瞅着都残了,想是他们也不会介意,所以在上面摘下一枝玫瑰拿回来。"女人的声音陡然增高了八度:"你编吧。进了城,没有学好,倒学会撒谎了。"女人的语气很凌厉,但脸上的线条却很柔和。很显然,她只是嘴上生气了,心里却没有生气。她不眨眼地看着男人,等他的答案。

男人磨蹭了半天,小声咕哝:"人家都说今天是情人节,所以我花了十块钱买了这枝花送给你。"女人笑了,用手指戳男人的额头:"你呀,进了城,没有学好,倒学会乱花钱了。我们要把所有的钱都积攒起来,回乡下盖楼房。"男人红着脸,不好意思地笑了,说:"不就一枝花儿吗?影响不了你盖楼房。你闻闻,挺香的。"

我猛然想起,今天是情人节,都市里流行的爱情节。每日行色匆匆,居然忘记了。

鞋店里的玻璃花瓶里的花儿常换,有时候是一束三色堇,公园里到处都有栽种的很普通的花儿;有时候是一束火红的鸡冠花,也是名不见经传的那种;有时候,是几片不知哪里采来的叫不上名字的嫩叶。有一次,我甚至看到花瓶里插的是一株碧绿清香的芹菜,不由得感叹:真能别出心裁啊!是为了招揽顾客吗?

春天,修鞋店的男人,会给花瓶里换上甜香如蜜的槐树花,一串串,白色的,粉色的,像小灯笼一样。夏天,男人会给花瓶里换上粉红色的合欢花,叶子像含羞草一样,到了夜晚就会卷起来。秋天,修鞋店的男人会给花瓶里换上白色或黄色的小雏菊,一朵一朵,仰起小小的脸儿。

我认定女人是个爱花儿的人，每次路过街口的修鞋店，都忍不住往里瞅上几眼，看看花瓶里又换了什么花儿，看看男人受到女人抢白后的憨厚和不知所措，看看女人娇柔甜蜜笑得弯弯的眼。

转眼，冬天来了，街边的草枯了，花儿谢了，北方的冬天，到处光秃秃灰蒙蒙的一片。路过街口的小修鞋店，特意往里睃了几眼，花瓶里居然插了一根颜色鲜亮的胡萝卜。我忍俊不禁，真亏这个乡下男人想得出，蛮有创意嘛！

那天，我忽然心血来潮去海边钓鱼，海风很大，嗖嗖地往脖子里灌风。平日里那些钓友一个都没见来，唯有海边那片湿地芦花，被风吹得唰唰响，摇曳生姿。

等了十来分钟也不见鱼上钩，却看见一个人在湿地那边采芦花，怀里大大的一抱犹不满足，还在往里走。我放下钓竿大喊："危险！"他似乎没有听到，还在继续往里走。我跑过去阻止他，一看那人，居然是街口修鞋店里的男人，我认得他，但他未必认得我。

我说："海边的冰只是冻了薄薄一层，看着结实，实际未必，你不要命了，一直往里走？"

男人愣住了，嗫嚅着说："我只是想采几枝好看的芦花。"我讥讽他："花瓶里的花儿变着花样地更新，因为女人喜欢花儿，你连命都不要了？"男人脸上讪讪的，笑容凝住了，他说："不是你想的样子。她命苦，生来就是个色盲，在她的眼睛里，这个世界是单调的。她不知道玫瑰是红色的，她也不知道树叶是绿色的。她看不见季节的变换，我只能让她用心来感受一下季节的味道。"

我半天无语，原来这个世界上有一种爱是生长在瓶子里的，无关浪漫。瓶子里有春夏秋冬的变换，瓶子里有质朴无华爱的语言，有用心能够感受到的暖意融融的爱。

生命尽头，仍不是我爱你的终点

生命是有极限的，但是爱却不会。如果爱上一个人，就请深爱他，即便是在他人生中的最后时刻。

医生说他最多还能活一年。她听了，兀自发呆。

眼泪不听话地流下来，顺着脸颊往下滴。素以见惯生死而著称的医生，或者是心生恻隐，安慰她说："这也不是绝对的，生命会因个体的差异而改变，说不定会有奇迹发生。"

她不知道自己是怎样走出医生的办公室的，回到病房里，强颜欢笑地对他说："大夫说，只要保持心情愉快，就有治愈的可能，世界上又不是没有先例。"

他把她拉到身边坐下说："那咱回家养着吧！天天住在医院里，虽然有医保，但也需要自己交一些钱。而且你天天两头跑，人都累瘦了，我有点心疼。"

她点点头。

出院以后，她依旧上班下班，给他做饭，跑偏方。她忙得像一只陀螺，而他却像个废人一样，插不上手，帮不上忙，还要等她照顾，等她赚钱，等她陪他一趟趟地跑医院。他每天都郁郁寡欢，情绪低到冰点。一个男人不能给自己心爱的女人撑起这个家，不能给自己心爱的女人无微不至的关爱，那还有什么用？他只求速死，以免拖累她。

那段时间，他拒绝吃饭，拒绝交流，拒绝过正常的生活，和她说话也黑着脸，像是她欠了他的。她像什么都没看到一样，上班时想起什么会给他打电话："老公啊，咱家的水龙头坏了，我买了新的，放在厨房的餐桌上,你记得给换上,不然我可搞不定。""老公啊,卫生间的下水道堵了,家里臭哄哄的,你给清理一下吧!""老公啊,储物室里的灯泡坏了,换个新的吧!不然黑灯瞎火的,我有些害怕。"

她像一个指挥者,随时随地想起什么就吩咐老公去做。有人背着她在背后指指点点,说这个女人疯了,她的男人得了癌症,还不让男人得闲,一个劲地让他干活。

是的,他得了癌症。喜欢游泳的他当初觉得腹部疼痛难忍,去医院一检查,竟然是膀胱癌。手术大小已经做过三回,每一回都有从鬼门关上走了一遭的感觉,每一次都是她陪在他身边,开解他,安慰他。但是他却对她发脾气,摔东西。

不是没有委屈,但她无从分解,分解给谁听呢?只能找个没人的地方,对着一株花,对着一株草,对着一片风景,用眼泪把心中的委屈和疲累冲洗干净。

回到家里,她会笑呵呵地夸他:"老公,你就是比我强,干什么都像模像样。婉青表妹羡慕我嫁了个好老公,心灵手巧,不像她嫁的男人,只会打麻将和玩游戏。"

他冷着脸对她:"别瞎说,安慰我?我只是个剩半条命的人,会比谁强?"她从后面抱住正在洗碗的男人说:"不,不许你胡说,你是我的大树,没有你撑着这个家,我所有的幸福都是空谈。我要你好好地活着,和我一辈子,白头到老。"

他知道这是自欺欺人的话,可是心中还是被一种久违的感动冲击得无以复加。大学毕业,她跟着他从北到南,像一粒种子一样生根于这座南方城市。当初穷得连房租都交不起,好不容易生活有了起色,刚刚又升职,谁知道命运却跟他开了这样黑色的玩笑。他看着娇小妩媚的妻子，叹了一口气：如果自己哪天不在了，她该怎么办呢？她才不管那么多，安慰他："我们不以年龄的数量取胜，只以年龄的质量取胜，也没有什么好遗憾的，往前看。"

她依旧指挥他干这干那，有时候跟他说："老公啊，想吃你做的皮蛋瘦肉粥，你煮的粥是我吃过的最香的，你再给我做好不好？""老公啊，想吃你煲的红枣莲子羹，你没看见我最近脸色不好吗？你就是我的美容专家。""老公啊，我的内衣昨晚没来得及洗，你帮我洗洗吧，没穿的了。"

她的指令温软缠绵，却容不得他不做。他想笑她的孩子气，可是笑不出。被人需要总是一种幸福吧！所以他做这些事情的时候，总是快乐的，无怨无悔的。

这样的日子整整过了一千八百天，比医生预言的生命极限三百天，整整多了一千五百个日日夜夜，大家都说这是一个奇迹。

临终的时候，他拉着她的手说："娶了你，是我一生做出的最正确的决定。原谅我一直对你黑着脸，那是因为我想我走后，你会少记我一些好。"

她泪流满面："大家都说我不近人情，老支使一个病人干这干那，其实我只是想让你觉得还有一个人需要你，需要你的关怀和温暖，使你不至于在绝望中萎靡。"

两双手紧紧地握在一起，他说："因为你，我多活了好几年，我赚大了。来生我们还做夫妻吧？"

她点头。还有什么比这样的爱更让人觉得弥足珍贵的呢！

右手不会离开左手，就像我会永远牵住你

我们的生命和血液早已溶到一起，牵住你的手，我就再也不会放开。

公园里的樱花开得纷纷扬扬，白的似雪，粉的如霞。

男人牵着女人的手，去公园看樱花。这是春天里最美丽的花事。初恋的情侣在花下卿卿我我。他们虽然早过了恋爱的年纪，步入围城数年，但，在这花信叩访的春天，他们还是喜欢牵牵手，谈谈情，重温一下恋爱时的美丽时光，才不辜负年华如水。

早晨出门的时候，他喝多了水，在公园里转了一圈，到处找厕所。他把她领到一棵樱花树下，千叮咛万嘱咐："乖，哪里都别去，在这里乖乖地等我回来。"她点头如鸡啄米，笑盈盈地和他击掌为誓，说："不见不散！"

她是个美丽温和的女子，名牌大学毕业，在机关里工作，嫁给他时，遭到了家人和朋友的一致反对。因为那时的他，是文青加愤青，穿破破烂烂的牛仔裤，拿着吉他在街心花园对着路人唱情歌。

她的母亲指着她的鼻子骂："你傻啊？他念书不好，工作没有着落，整天唱那些破歌能当饭吃啊？你这不是往火坑里跳吗！"

母亲的碎碎念，她并不反驳，可是在心里，她却是非他不嫁的。所有的反对，都抵不上她喜欢。喜欢是一朵花儿，花儿开的时候，谁都无法阻止。

每当想起这段往事，笑容都会不自觉地爬到他的脸上。那时可真年轻啊，年轻到没有任何的底色和背景，心里只有单纯的爱。那时候

他就下了决心，这辈子都不会辜负她。

从厕所出来，他一眼瞥见樱花树下的她不见了。他立刻慌了神，顺着公园里的小路一圈一圈地寻找，终于在公园的一个角落里，看到一群人把她围在中间。她怀里紧紧地抱着一个三四岁的小女孩，那小女孩像受到惊吓的小鹿一样看着身边的人。

一个年轻的女子，带着苦腔说："这是我的女儿，你把孩子还给我！"一个年轻的男人吼："你跟她费什么话？八成是个人贩子，还不打电话报警？"说着，他一个箭步冲上去，就要动手抢。

她吓得傻了，抱着小女孩一直往后退，一直退到身后的樱花树上。身体的作用力使那些花瓣纷纷坠落，她的头发上、衣服上沾满了飘落的花瓣。他分开人群，冲过去，一把护住她，说："小兄弟，有话好好说！"

年轻的男人不屑一顾地说："这个疯子抢了我的女儿，怎么跟她要，她都不还给我。"他笑，说："没事，我帮你要，要不到，你再动手。"

他轻轻摘掉她头发上的花瓣，俯在她的耳边温柔地说："乖，我们的小女儿在家里，这不是我们的女儿，你认错人了，还给人家吧！"

她看着他的眼睛问："是真的吗？你没有骗我？"他点点头，心中忽然酸楚起来：这是她第几次把别人的女儿当成自己的了？他记不清了。她把孩子还给人家，拉着他的手就跑。他说："你要去哪儿？慢点跑，别磕倒了。"她急切地回道："我要回家看女儿。"

推开家门，她直奔女儿的房间，女儿的照片依旧挂在墙上，眼睛弯弯，嘴角上翘，天使一样美丽的笑容。小床上依旧铺着有小草莓图案的床单，玩具积木拼图依然堆放在墙角，墙边停着女儿喜爱的三个轱辘的红色童车。时光定格在两年前,两年前,女儿来过,和他们生活在一起,可是女儿又走了。

她看着女儿的照片,大颗大颗的泪珠无声滚下,是那种不出声的啜泣。他心疼地把她拥进怀里,她像疯了似地推他搡他挠他,继而号啕大哭:"女儿在哪里?女儿在哪里?你还我女儿!"

这样的情况下,他很难跟她沟通,只能任由她发泄。看到她痛苦不能自已的样子,他的心中无比难受。其实他也疼,小女儿走了,那只是意外,骨与肉的分离,那是揪心的疼。可是他是男人,男人就必须有担当,毕竟生活还得继续。

睡了一觉之后,她起床给他煮牛奶,煎荷包蛋。坐在餐桌前,她忽然发现他的脖子上脸上胳膊上到处都是挠痕,有的地方已经血肉模糊。她吃惊地问:"你怎么搞成这样?是谁欺负你了?"他笑,说:"可能是晚上梦游时不小心弄的。"她低下头,眼睛里涌满泪花:"你骗我,是不是我又犯病了?"

他放下筷子,安慰她:"乖,没事,我能想象出你想女儿时那种刻骨铭心的疼痛,因为我和你一样,感同身受。"她沉默了一会儿说:"要不,我们离婚吧!我总是拖累你,害得你每时每刻都要担心我,什么事情都做不成。"

他愠怒:"以后,不许跟我提离婚的事。我和你,就是左手和右手。因为女儿,我们的生命和血液早已溶到一起。你见过哪个人的左手和右手分开了?"

不错,她是个疯子,时而清醒,时而糊涂,清醒的时候少,糊涂的时候多,犯病的时候,常常做出一些极端的举动。可是他心中从来没有过放弃她的念头,因为他们彼此的心中,有一个共同的想念,那就是他们的女儿。

他们的小女儿，来过，又走了，在他们的生命里划下一道深深的印痕，只有彼此关爱才能抵御那种深深想念和疼痛的突袭。

旧房子，才有爱情的温度

夫妻俩的关系就像一双筷子：一是谁也离不开谁，二是什么酸甜苦辣都在一起尝。

从医院一出来，他就开始检讨，温柔的语调里透着伤感："我不该把咱家所有的钱都拿回家给父亲看病，我不该让你窝在那个阴暗潮湿的小房子里一呆就是三年，我不该让你包揽了所有的家务。"

她使劲推了他一把，笑道："傻样儿，大夫说我不过是得了慢性肺炎，又不是绝症，你干嘛把自己说得十恶不赦似的。我没事，过几天就好了。"

他忽然觉得悲伤，想起那个医生对他说："弟妹这病是肺癌，看样子拖不了多长时间了。"

三十二岁那年，他认识了她。那时候，他父亲生病，把一个好端端的家拖累得山穷水尽。每次相亲，他都会说："我没有房子也没有车，结婚以后，我挣的钱还不能给你，得拿回家给父亲看病。"他这番话，吓跑了很多女人。

他在心里自责：她跟自己在一起三年多了，没有住上好房子，也没有穿过好衣服，她做梦都想有个属于自己的大房子。可是自己一直以为还年轻，还有一辈子的时间在一起，可以慢慢地对她好，谁知……

周日一大早，他从口袋里掏出一串铜钥匙在她眼前晃来晃去，她被他晃得烦了，问他："在哪儿捡的？还不快点儿还给人家！"他说："哪儿那么好捡？这是我朋友的房子，朋友最近移民到欧洲，托我帮他卖房子。我们先搬进去住一阵子再说，你看怎么样？"她兴奋得满脸通红："真有这样的好事啊？"

两人牵着手，倒了三趟公交车，来到海边的一个花园小区。她感叹道："人和人真是不一样，我们住那么小的房子，人家住带花园的大洋房！"

他贴着她的耳朵说："我努力工作，你好好养病，说不准将来我们能买上比这还好的房子。"她笑他："又给我画饼充饥？如果是气球，早被你吹爆了。"

房子真的好大，一百八十平方米的复式结构，枝式水晶吊灯，德国进口的墙面漆，欧式橱柜，吧台上有各种精美的洋酒，卫生间里有电脑蒸汽房。一切都那么奢华，精美。

看着她像灰姑娘进皇宫一样，赤着脚，从一间屋子到另一间屋子地跳进跳出，他心里百感交集。谁知，她住在这样的大房子里竟然睡不着觉，常常是翻来覆去好几个小时仍无法入眠。

只住了一周，有一天，他下班回来，发现她不在，到处找也找不到，给她打电话，是关机。他忽然有些害怕，担心她是突然犯了病，晕倒了。

他满心焦急地在大街上乱走，走着走着，不知怎么就回到了原来的家,还没进屋,就闻到了熟悉的饭菜香味,是他爱吃的青椒土豆丝。他绷紧的神经放松下来,走进去,故意拉下脸说:"放着豪宅不住,一个人偷偷跑回来,这种破房子有什么可留恋的?"

她笑了,说:"那房子好是好,可是住在里面,我心里老是不踏实。特别是他们的那床,两张分开好远的床,晚上不枕着你的胳膊我睡不着。"

说到后来,她的脸颊飞上两抹绯红,那么苍白的面孔,因为这两抹红生动起来。他不容分说:"你收拾一下,明天我们再搬过去,总要住到朋友的房子卖掉了才够本。"

她说不。再劝,她还是固执地摇头。他忽然对她大声嚷起来:"你可真是的,想让你过几天舒心的日子,你偏偏舍不得这个破家!"

她低着头,眼圈却红了,说:"这个家虽破,但我们一起住了三年。冬天你为我灌热水袋捂脚,夏天你坐在我旁边,用扇子为我驱蚊降温。日子虽然苦一点儿,但我觉得很幸福。听我的话,把那个房子退了吧,租那么贵的房子干嘛?咱别花那个冤枉钱了,啊?"

他怔住了,问:"你怎么知道?"她得意地笑:"第一,你根本就没有那样阔绰的朋友。第二,我有证据。"说着,她把一张交房租的收据拿出来晃了晃:"这可是你爱我的证据。"

他一把将她抱进怀里,连同爱的证据。未想此时,他的手机固执地响起来,是那个医生朋友打来的,他只好腾出一只手来接听。"今天,省城的专家来我们院,我把弟妹的病历资料拿给专家看了,专家分析,弟妹这病很有可能是误诊。明天一早,你就带弟妹过来重新检查!"他激动得浑身颤抖,像一个黑夜里的旅人终于看到了天边的一抹亮色。手机掉在地上他顾不得去捡,只是更紧地抱住怀里的女人——是啊，只要心爱的人在，草屋亦是天堂；只要有爱，十平方米也是豪宅。

情侣饭盒里的饺子

在爱情里，男女爱的方式各不相同。如若珍惜，便是良缘。

她叫抹茶，他叫若水。

大学毕业后，她跟着他来到温婉美丽的江南古城，从此像茶和水，再也分不开。

两个人租了一间小房子，过着拮据的日子。他好不容易在一家新开的分公司里谋到了一个职位。只是这家新公司的很多制度都不健全，公司里连个餐厅都没有，午餐需要自行解决。

她也找了一份工作，是在一家私人幼儿园里当老师，每天和孩子们在一起，那些可爱的小天使给了她很多快慰。美中不足的是薪水不多，而且午餐也没有地方解决。

他抱怨给她听："外面的东西可真贵，既不好吃，又没有营养，而且花钱也多，什么时候才能不为吃饭这样的事情操心呀！"她笑，说："没事，这个好办。"

第二天，她跑了好多家商场，最后终于挑到两个一模一样、有小草莓图案的保温饭盒。她笑，说："以后我们的午餐都在这饭盒里。

你不是爱吃饺子吗？我每天都给你包饺子吃。"

每天早晨，会有两个一模一样的粉色保温饭盒，安静地躺在门口的柜子上。上班走的时候，她随手递一个给他。到中午的时候，他在公司的微波炉里简单地热一下，打开饭盒，里面是一个个排列整齐的小饺子，散发着热气。咬一口，馅大皮薄，饺子里的汤汁瞬间溢出，香味四溢。

同事们啧啧称赞，他听了很得意。他也不知道，她还有这样一手绝活，饺子包得那么好，大小一样，晶莹剔透，而且馅料每天都不同，三鲜的、羊肉的、牛肉的、香菇海螺的，每天都变换着花样，鲜中有香，香而不腻，美味可口。

有一天，因为公司里有事，他早上走的时候有些匆忙，所以随手拿了一个饭盒。中午吃饭的时候，他才发现，饺子是素馅的，什么香味都没有。他的食欲瞬间全无，若有所思地放下了饭盒。

没事的时候，他留心看那两个饭盒，原来饭盒上都刻着名字。那天因为匆忙，他不小心拿错了，竟然拿了她的饭盒。

他心中有些痛，两个一模一样的饭盒，原来里面的内容竟然如此不同。他问她："为什么你的饺子是素馅的，而我的饺子都是荤馅和海鲜的？"她笑道："我喜欢吃素馅的，我在减肥。"他的眼睛里有些湿润，看着瘦弱娇小的她，说："你撒谎。"她低下头，说："我真的不爱吃荤腥的食物。你的工作累。再说，我们还那么穷，念大学花光了家里所有的钱，山区里的父母等着我们寄钱。我们还没有房子，将来再有了孩子，生活很拮据，能省一点就省一点吧，我能做的也就这么多。"

他背转过身，抹了一把眼泪，第一次知道，饺子和饺子原来如此不同，爱和爱的内容也如此不同。

他们的爱情就像茶和水，茶因为水而妩媚盛开，水因为茶而芬芳甘甜。

男人永远有个情敌，叫"别人家的老公"

爱那个人就该为那个人保护好自己，本本分分地做人、认认真真地相爱就是积攒幸福。

那天去上班，女同事都围在陈烁的身边窃窃私语。

她看见陈烁的手腕上又换了一款手镯，据说是她老公在一个拍卖会上的所得之物。她的老公真好，每次出差回来都会给她买耀眼的钻戒或者衣物。在相识纪念日、结婚纪念日这样的日子，他都会委托礼仪公司给陈烁送来玫瑰。现在，这么细心的男人已经很少了，买这么名贵的服饰送给太太的男人就更少了，更何况陈烁老公是个小职员，自己穿着普通的衣服，却把老婆宠得像公主。

回到家里，她启发老公："下周一是我的生日，你有什么礼物送给我？"他埋头看报纸，仿佛那里面有金矿。

她撒娇地说："快说，送我什么礼物？"老公说："我从'巴黎之春'购物中心门前过的时候，看见秋装过季打折。要不，我送你看中多时的那款小皮衣？"

她撇撇嘴："我是动物保护者。"心中却想：送我一件衣服都是打折的，谁知给我的爱有没有打折？

除了怒其不争，还能怎样？结婚几年了，老公还保持着小职员的本色，并没有升个一官半职的迹象。他又不是经商那块料，日子过得很清贫。她和陈烁同样是女人，为什么有着不一样的命运呢？她感叹一番，建议老公别送自己礼物了，不如请她吃顿烛光晚餐，不仅实惠，还可以借此机会重温婚前的浪漫。这次他没有反对，爽快地同意了。

第二天下班之前，她收到他发来的短信，说在香格里拉酒店门口见面。她窃喜，不知道这家伙因何开了窍，怎么舍得去那么豪华的地方吃大餐。

她匆匆忙忙地赶去，正巧碰到陈烁和老公手挽着手，去香格里拉吃西餐。打过招呼之后，他们先进去了。她等着老公，左顾右盼不见他的人影。这个男人，请人吃顿饭也这么磨蹭。她正焦急的时候，这个姗姗来迟的男人彬彬有礼地对她说："对不起，换了两路公交车，又塞车，所以来晚了。"她心里虽然乐开了花，却绷着脸说："来了就好，我们进去吧！"

让她没有想到的是，这个家伙竟然直接把她拉进香格里拉隔壁的小餐馆。她一时转不过弯，傻傻地看着老公。他兴奋地说："你高兴得傻掉了吧？这个店是四川人开的，正宗的水煮鱼，又麻又辣，我不提前预订，还没有座位呢。"

这一餐没有浪漫烛光，也没有安静的氛围，周围的人都在忙着享受美食，唯她惦记着陈烁。她在隔壁吃着西餐，听着乐手优雅的演奏，凭什么自己就该在旁边的小店，在嘈杂如沸的声浪中对着对面这个吃得满头大汗的男人。整整一个晚上，她的心情落落寡合。

一天早晨，她去办公室，发现里面十分安静。跑去洗手间，听到里面有嘤嘤的哭声。她十分惊讶：大早晨的，谁在哭？

她推开门，一看竟然是陈烁。问她什么，她都不肯说。没办法，她说给她老公打电话，她连忙拉住了她，流着泪对她说："我跟你说，你千万别告诉别人啊。"

原来，陈烁的老公因贪污公款，单位已经报了案。他惶惶不可终日，据说弄不好会被判刑。这个长相普通的男人，怕如花似玉的妻子会爱上别人，所以动用了最下策。

公司里的同事，再路过陈烁的身边时，目光里便露出不屑的神情：什么鲜花、名品、服饰、西餐，原来花的不是自己的钱，怎么会心疼？

爱那个人就该为那个人保护好自己，更不该因为爱而走错了路。她走了一路，想了一路。回到家里，看到扎着围裙在厨房忙碌的老公，顿时觉得顺眼多了。是啊，穷一点，小气一点都没有什么。至少，他不会做违法的事。本本分分地做人、认认真真地相爱有什么不好？

她抱住老公，他拿铲子的手停了下来，问："太阳从西边出来了？今天你怎么了？"她嘻嘻地笑着说："没怎么，就是想抱抱你。"

老公叹了一口气说："我最近一向表现都很好，没犯什么错啊，没有早出也没有晚归，更没有无聊的应酬。下次抱我提前打个招呼，我也好有个心理准备。"

听着听着，她笑了……

演员或是保姆，她都是他最爱的妻

天下没有最美的女人，只有最爱的女人。无论她做什么职业，在我心里都完美无瑕。

从那栋漂亮的跃层式花园洋房出来，她伸头看看左右，见没有熟人，才飞奔着去路边坐2路公交车回家。

谁知怕什么来什么。在车上，她遇到老公的一个学生，她像做贼一样，把脸贴在紧紧抓住吊环的胳膊上。谁知那个学生下车的时候，还是认出了她，他疑惑地问："师母，你怎么穿成这样？"她的脸刷地一下子红了，讪讪地说："我在体验生活呢！"

那个同学拍了下脑袋，突然醒悟似的："是啊，我忘了，师母是演员！"

是的，她是小城里唯一一家地方戏剧团演员，因为不景气，一年前她就下岗了。下岗的时候，她三十五岁。

她十几岁进了小城里的地方戏剧团，除了会哼哼呀呀地甩水袖唱戏，别的什么都不会。就连出门上街都会迷路找不到家，男人常常取笑她情商高，智商低。

她成天呆在家里闷声不响的，几近崩溃。男人关切地劝她："重新找份工作吧！整天这样会闲出毛病的。"她听了，很惶惑，不知道自己能干什么。

去人才市场，招聘单位看了她的简历都摇头，没有正儿八经的文凭，也没有从业经验，谁都不肯给她一个机会。后来剧团的同事在一个家政服务中心做事，把她也介绍去了。

可是老公有一份体面的职业，是小城里一所大学的老师。过去她是剧团演员，与老公还算匹配，可是现在她是家政中心的保姆，让别人知道了还不笑话死他？她怕坍老公的台，也怕老公笑话自己，所以一直偷偷摸摸地在家政中心做事。

下了公交车后，她在家附近找了一个公用洗手间，拿出自己的衣服，把那套印有某某家政中心字样的衣服换下来，对着镜子理了下头发，调匀气息，然后回家。

周末，男人大学里的一个年轻老师结婚，大家都去，而且都是一家一家的，男人央求她也去。她有些犹豫，可是经不住男人的温言软语，最后她答应了。找出很久没穿的丝绒旗袍，把头发盘在脑后，镜子里的女人风韵犹存，男人欣赏地倚着门傻傻地看。

那天的婚礼无疑是热闹的，繁花似锦，新娘娇俏可人，新郎洒脱英俊，一对完美的璧人。大家说着祝福的话，不知是谁高喊："李教授，你爱人是剧团的当家花旦，唱一个给大家祝祝兴。"立刻有人附和起哄，酒店里吵成一片。

看实在逃不过，她上台唱了一首老歌《甜蜜蜜》，声音依然婉转清甜。唱毕，说了几句客气话，坐在最前的一个小男孩高喊："妈妈，那不是咱们家的保姆吗？"

尖锐的童音一下子划破了酒店大堂的上空，大家谁都不说话，表情奇怪地看看男人，又转头看看台上的她。

她的眼泪一下子落下来，像被剥光了衣服一样难堪。她疯了一样跑出酒店大堂，谁都拉不住她。

漫无目的地在街上狂走，内心里纷乱的念头涌上来。别人笑话她还在其次，她最怕的是老公下不来台，想跟她离婚，这才是最让她受不了的事情。

不知在街上走了多久，累了，饿了，困了，忽然发现自己找不到回家的路，她站在一个楼群里面，束手无策。她一直都是个路盲，稍微复杂点的路，准迷糊。因为冲动地跑出来，手机、钱包什么都不在身边。她跑到路边的食杂店，对店主说："我想打个电话，可我没钱。"店主说："去去去，没钱捣什么乱！"她又问："我现在哪儿啊？这是什么地方？"食杂店的店主上下打量她一番，自言自语："原来是个傻子啊！穿得这么漂亮，不像啊！"

她刚想发火，身后的一个声音响起来："我有手机，可以借给你用吗？"慢慢转回头，竟然是老公，正对着她呵呵笑。

她哽咽地说："对不起，我不是要故意隐瞒你的！"男人的笑容更深了，戏谑地问她："有什么对不起的啊？是不是爱上别人了？"她流着眼泪："我不是有意要在你的同事面前坍你的台。"男人伸手把她拉到身边："傻瓜，我有什么台可坍？再说了，我有那么幼稚吗？以工作取人？那我就不是李教授了。"

她说不出话，在他的胸前轻轻地擂了一拳。男人揽住她的肩问："又迷路了吧？以后上班，我开车送你，做你的活地图。"

原来她从酒店一跑出来，他就紧随其后，知道她是个路盲，所以跟着她过大街穿小巷地狂走。

从那以后，人们总会看到一个男人开着车送一个做保姆的女人上下班。因为男人的支持，因为一张有温度的地图在身边，没过多久，女人就有了自己的家政服务中心。

老公，祝贺你失业

在顺境里相爱的两个人，结成的也许不是真的爱情。但是一旦到了逆境里，你才会发现他是不是真正爱你。

他在一家外资企业上班，之前的几年，大家都羡慕他们单位待遇好，工资高。可是金融危机来临，他们企业几乎是一夜之间倒闭了，他也随之失业了。

他不敢告诉亲戚朋友自己失业了，回家也不敢告诉爱人自己失业了，他不想在大家同情的目光里找不到自我。他像坐在一叶孤舟上，没有方向地漂泊，独自承受着内心的孤单和被失落深深攥住的苦闷。

每天早晨依然早起，提个公事包，在门口与女人吻别之后，他就出门去"上班"了。接下来的一天，简直是痛苦与难熬的写照，因为他不知道怎样把这一天的时间打发掉。难挨的日子里，他会去公园看老人们晨练、遛早，然后跑到紫藤架下，听那些发烧友咿咿呀呀地唱京剧。中午买个面包、一瓶矿泉水，找个有树荫的地方，啃面包看蚂蚁上树。啃完面包，再去买一份当天的报纸，着重看看招聘启事那一版。看了招聘启事，结果更受伤。现在的用工单位招聘的大多是复合型人才，像他这样，好几年如一日待在一个地方，像流水线一样，只会依指令办事的人，似乎并不太吃香。过去的优越感，现在变成了自卑感，而且还在无限地膨胀，他一下子觉得自己百无一用。难道失业之后，自此回家，靠老婆那点工资养活着？真那样，还不如现在就买一块豆腐撞死算了。胡思乱想着，好不容易挨到下午，满大街转悠了一会儿，又到菜市场看了一会儿买菜的人和小贩讨价还价，为了一棵葱争得面红耳赤。他不由得在心里苦笑,只怕不久之后,自己也会穿着大短裤,无所事事地挤在人群里,看葱多少钱一斤,看蒜是不是又涨价了,听老头老太抱怨现在的豆腐做得越来越难吃……

他不敢想下去,被裹挟在下班的人流里往家走。女人一定会等在家门口,接过他的包,递上拖鞋,然后柔声说:"饭菜都做好了,洗手吃饭!"他最怕看到女人温柔的小模样。他是家里的经济支柱,女人挣的那点钱还不够她自己买胭脂水粉,所以跟他要钱的时候,特别温柔,涂上漂亮的指甲油,然后手心向上,在他的眼前晃。

俗话说:"世上没有不透风的墙","好事不出门,坏事传千里"。他们单位倒闭了,这么大的事想要掖着藏着,和纸里包火没什么区别。没几天,大家都知道了。先是朋友们,不停地打电话来安慰他:经济不景气,倒闭也没有什么可意外的,重新开始,没有什么大不了的。他听了,心里不好受——怎么就听出了幸灾乐祸的味道?还有的朋友更绝,张口就说"节哀顺便吧"!尽管有玩笑的成分,但在此刻的他听来,不但不爽,而且有莫大的讽刺意味!就连父母都问:"儿子呀,怎么就失业了?"他听了,觉得父母的下文就是:失业了,我们的养老费怎么办?谁给啊?

那几天,他恨不能找个地缝躲进去。他不想见人,也不想说话,天天依旧提着公事包出门,不同的是,不是去上班,而是找工作。他一直都没有告诉妻子自己失业的事,她也没过问。他难过地想:这个女人真是感觉迟钝啊!就知道手心向上,伸手要钱花,其余万事不关己,自己都失业好多天了,她就一丝一毫都看不出来?

傍晚回家,无精打采的他,意外发现家里没有开灯,黑咕隆冬的。他以为停电了,谁知刚放下包,屋子里刹时灯火通明。他看见厨房的餐桌上,杯盘罗列,菜肴丰盛,而且还开了红酒;花瓶里插满醉人的百合花。他疑惑地问："今天谁过生日？"妻子摇了摇头说："谁都不过生日，我只是想庆贺一下你失业了！"他皱了皱眉头：发烧了还是短路了？这是好话还是赖话？看妻子不像是开玩笑的样子，果然，妻子说："不过是失业而已，又不是世界末日，这一扇门关死了，一定会有另外一扇门为你打开。你不是一直对手工制作的皮具情有独钟吗？开一家手工小店试试。这是一个崇尚个性的年代，把你的个性和坚韧全部释放出来吧！"

原来妻子什么都知道，看来这不仅仅是一个只会手心向上伸手要钱的小女人，还有令他意想不到的心思和创意。失业之痛，因为妻子的开解和安慰，他觉得并不像先前那般突兀，也不再像扎在肉里的刺一样让他痛苦。

他端起酒杯，失业之后，第一次由衷地、开怀地笑了，说："祝贺我失业吧！"

"小女人"有人爱

不是只有模特走秀才需要T台，爱情也需要T台，两个人过日子不是独角戏。

她是一个能干的女人，做事爽利，从不拖泥带水，再棘手的问题，到了她的手里都会被理顺得一清二楚，再大的困难到她手里都会迎刃而解。在公司里，她独当一面，把一个部门管理得井井有条。她上得厅堂下得厨房，家里家外被她打理得井井有条。

别人都羡慕他好福气，找了一个能干的老婆，他却叹气不语。是不知足吗？衬衫、领带、袜子分门别类地装在触手可及的抽屉里，想换的时候，第一时间就会找到。早餐讲究营养，晚餐讲究素淡，科学合理，似乎永远不用他操心。老人们的生日，孩子们的礼物，不用他提醒，她总会提前一天准备好。甚至家里的电脑坏了，水龙头坏了，下水道堵了，她都会打电话叫修理工登门服务。

刚开始，他自然很高兴，老婆能干，他乐得当甩手掌柜，优哉游哉。可是时间久了，他发现自己似乎变成了一个多余的人，游离在家庭生活之外，成了一个旁观者，或者说是一个摆设，标签上的文字是：老公，用途不明。

结婚好几年了，炒菜的时候，不知道盐放在哪里，不知道味精该放多少，不知道姜多少钱一斤，不知道蒜在哪儿买。有一次，她的一个大学同学出差路过，来家里做客。他们叙旧的时候，他在厨房里忙乎，一会儿问她放几勺盐，一会儿问她家里有没有糖。她的同学居然把他也当成了客人，调侃她说："你怎么能让客人下厨呢？"他当即红了脸，想解释，又不知道从何说起。

那天，她的同学走后，他和她吵了起来，莫名其妙的邪火很盛，告诫她以后不准往家里带客人。她觉得他很过分，却不知道他为什么跟自己吵。

从那时候起，他变得不爱回家了，下了班在外面流连。反正家里有他不多，没他也不少，不管遇到什么事情，她都能搞定。他和朋友们一起，喝酒，打台球，K歌，弄到大半夜才回家。

她不但能干，她还是一个冰雪聪明的女人，他的变化自然逃不过她的眼睛。她开始担心，这样下去，他们的爱情早晚会烟消云散，走到尽头。她爱这个男人，也正是因为爱，才会这样无条件地为他做这做那，从不计较，从不攀比，只要他开心他快乐，她愿意为他做这些家务琐事，可是他似乎并不领情。

睡不着的时候，她开始检讨自己的所作所为。一个女同事，娇滴滴的，一副弱不禁风的样子，遇到一点小事，就哭哭啼啼给老公打电话。她的心里多少觉得这个女同事有点做作，很可笑。

没有男人的时候，每个女人都是一棵树，怎么一旦身边有了一个男人，立刻就变成了一棵草呢？可是同事的老公却把她当成宝贝一样端在手心里。想想自己，什么事情都亲力亲为，万事求全，操心受累，连一句抱怨都没有，到头来，老公连家都不爱回。

她发现自己错了，家是两个人的，两个人都是家里的一分子，需要互相依赖，而不是像现在这样。她在T型台上走秀展示，把自己最优秀的一面展示出来，尽情，尽兴。而他在T型台下观看，成了一个观众，没有参与的乐趣，没有展示的洒脱，时间久了，不逃跑才怪。

悟明白之后，她开始重新定位自己在家里的位置，不再做十项全能太太，大小事情都让他一起来参与。水龙头坏了，她让他修；电灯坏了，让他修；出去逛街，要他当她的钱包和地图；她回家晚了，一定要他去接。他乐颠颠地跟在她身后，一副居家小男人的幸福模样。

其实，他很笨，出门没有方向感，修理东西更是笨手笨脚。有一次她喊他修水龙头，他乐颠颠地拿着工具，很茫然地站在洗手盆前，无从下手。她提醒他，先把总阀关死啊！他挠了挠头，提着工具去关总阀，结果总阀没有关紧，修水龙头的时候，水喷出来，把自己浇得落汤鸡似的。

她看着这个笨男人，忽然就笑了。

给爱搭一个T台，有了这个舞台，爱才有机会展示出来。两个人的日子不是独角戏，唱独角戏永远是寂寞、孤单和冷清的。

男人有时是树，有时也是凌霄花

男人可以是树，是伟岸可以依靠的。但是如果他还没有那么坚韧，也请耐心地呵护他，因为他迟早会长成一棵大树。

他去超市买东西，大包小包拎着，左手两袋洗衣粉、五块肥皂，右手五斤鸡蛋、两盒蛋挞，手里拿着满满一堆东西，有熟人见了打招呼："今天休息啊？怎么买这么多东西？"他呆怔片刻，点头应着："啊、啊，是。"

路过凯莱酒店，转头之间，忽然瞥见一个年轻的女子从里面出来，衣饰时尚得体，举止干练优雅，就连脸上的笑容都是那般的明媚阳光。她身边一位穿西装的男人，两个人轻声地说着什么，偶尔回眸，相视一笑，和谐而默契。他们一边走一边说着话，去旁边的停车场取车。

他不认识似的盯着女子的背影看了半天，心情一下子糟糕到极点。那么美丽优雅的女子是他的妻子，可是他从来不知道妻子还有这么靓丽能干的一面。特别是妻子身边的那个男人殷勤备至的样子，让他看了心中添堵。

结婚的时候，他是一家国企的副总，而妻子只是一家小公司的小职员，符合国人传统的婚姻观念，男主外，女主内，郎才女貌，没有什么不妥。可是时光流转，国企解体，他这个学管理专业的副总，并无一技之长，高不成低不就，一直没有找到合适的工作，只好在家里身兼数职，买菜，做饭，去超市采购，做得任劳任怨。倒是那个不声不响、不显山不露水的小女人，把事业做得风声水起，一路升职加薪，越来越忙，家里越来越难见到她的身影。

他一直都没有觉得有什么不妥。可是刚才在凯莱酒店楼下的画面，对他的视觉冲击简直太大了，就好比两个向上攀援的人，一个不停地向上攀，而另一个却中途停了下来，其中的差距可想而知。他煲了排骨鱼丸汤，又做了一个蒜泥拌苦瓜。因为时间充裕，他把碧绿的苦瓜在雪白的盘子里摆了一个漂亮造型。意犹未尽时，忽然手机响起来，他拿过来听，是妻子，她在电话里说："别等我吃饭了，我还有一点事没处理完，你先吃吧！"

他没有吭声，默默挂掉手机，内心升起一股悲凉。现在只是不回来吃饭，总有一天，怕是床也会空出半边。他窝在沙发里吸烟，烟灰缸里摁满烟蒂时，她回来了。一推门被呛得倒退了两步，她抢过来，一把夺下他手中的烟，狠狠地摁灭，埋怨他："你不要命了？这是和谁过不去呢？"

空气中隐隐能闻到一股火药味。他冷笑着说："什么时候不回来睡觉，最好也能打电话通知我一下。"她呆怔了一下，尽量克制地问他："你听谁胡说八道什么了？"他扬着头，有些激愤地说："我还用听别人说？今天在凯莱酒店楼下，我都看到了。"

她不怒，反而乐了，说："那人真的只是我的同事，你想歪了。"他终于爆发了："他的手几乎都要搭在你的腰上了，非要捉奸在床才能认?"

忍耐终于超过了极限,她轻蔑不屑地说:"你的那些说辞只是单方面成立,是自卑和心虚的表现。如果你真的很在乎我,请你努力,请你优秀,请你像一棵树一样站在我旁边,而不是跟我讨论鸡蛋是不是涨价了,老婆饼是不是打折了。你不觉得我们之间的共同话题越来越少吗?"

他这才明白,在她的眼里,原来自己是如此不堪,原来自己已经out了。从那一天开始,他早出晚归,到处找工作,也曾试了几份工作,怎奈不是人家没有看中他,就是他嫌这嫌那,每次都是垂头丧气而归。

她看在眼里,说:"你开家小饭店吧!第一,这是你爸的老本行,你从小耳濡目染,总会比别人强。第二,你是学管理的,管理一家小饭店应该不成问题。第三,你对饮食有天赋,我相信你能行。"

听她分析得头头是道,他泼冷水:"只可惜万事俱备,就是没有东风,没钱说什么都是白扯。"她说:"没事,这个我来想办法。"他拒绝:"还是我自己想办法吧!省得到时你又瞧不起我。"

她忍不住乐:"我等着你像一棵树一样和我并排而立。"

所有的努力都会有回报。

他的饭店真的开起来了,虽然小,但毕竟有了人生的目标,做得越来越好。他不无骄傲地说:"我的理想是要把小饭店开得像大酒店一般气派,要开个连锁酒店。"

他去还借朋友的钱,朋友说:"还是回家谢谢你老婆吧!为了支持你,她把她母亲的房子卖了;为了不伤你那点可怜的自尊心,她托我转交给你。"

末了,朋友意味深长地说:"这年头,'借老婆都不借钱',话粗理不粗，谁会把钱借给你这个不知深浅、没有经验的生手手里？除了你老婆，天底下这么伟大的人只怕少之又少。"

他站在朋友家的客厅里，忽然心中一热，原来妻子的所有的刻薄、讥讽、轻蔑和不屑，都是为了让他早一天振作起来，重新在社会上找到自己的定位，重新长成一棵树。

好女人是男人的翅膀

你我都是单翼的天使，唯有彼此拥抱才能展翅飞翔。

他因为过失伤人罪，被判刑五年。

那时候，他新婚不久，妻子是一家公司的德语翻译。她明媚、美丽、娇艳，小鸟依人一般依恋他。她喜欢吃他做的菜，喜欢和他叽叽喳喳地说心事，就连逛街买衣服也喜欢让他做参谋。心地单纯善良的女孩，就如同一朵花，需要有人呵护、浇灌、守候。

在狱中，他万念俱灰。五年是怎样的一个时间概念？一千八百多个日日夜夜，大好年华里的一段黑色时光，将覆盖他所有的理想、信念，甚至整个人生。最重要的是，经年之后，美丽娇艳的妻子还会在原地等他吗？会不会像小鸟一样飞到别人家的屋檐下？他不敢想将来的事情，一想就会心疼。除了割爱，别无他法。

最后一次见面，她来看他，给他买了很多东西：牙膏、牙刷，香皂、毛巾、内衣、内裤，还有感冒药、胃药。她是个细心的女子，那些日用品买的都是最好的牌子，内衣、内裤都是柔软的纯棉质地。而且，她知道他有胃病。她像平常那样，叽叽喳喳叮嘱他要善待自己，五年也不是太久，很快就会过去的。"等你，等你一起去洛阳看牡丹，等你一起去杭州看断桥，等你一起去大连看大海……"

原本以为，她这样娇弱的女子，即使不会埋怨他，也会抱着他哭得梨花带雨，谁知她一滴泪都没有落。为了她轻轻的一句"等你"，他的心怦然而动。然而，很快他就冷静下来。五年之后，他的人生、他的事业、他的一切都是未知，一切都将是新的开始。他怎么可能让一个娇弱的女子，在一千八百多个日日夜夜里，独自与孤独和寂寞相守，把身边的那个位置一直留给他？

他狠下心，轻轻呵斥她："别胡闹，从今天开始，你自由了，你随时可以把离婚协议书拿来让我签字，我可以无条件离婚。"

说完这句，他又后悔了。她那么漂亮，长发如瀑，秋水剪瞳，纤腰盈握，他怎么舍得不要她？没有了她，他活着还有什么滋味？

她是哭着离开的。他看着她离去的背影，回身一拳，狠狠地砸在墙上。

从此，每个探视日，都成了他苦难的日子，他盼望她来，又怕她来。每次点名的时候，他都希望被点到，可是又常常失望。有时候被点到了，他兴奋无比地跑出去，结果大失所望，不是她来看他。

他绝望了，先是绝食，然后用刀片割手腕。他心情颓丧地躺在一张小床上，眼睛空洞地盯着天花板发呆，想念她撒娇的样子，想念她的温言软语。

那是一个没有什么征兆的日子，他被点到名字，有人来看他。他低垂着头，无精打采地走出来：居然是她！

她瘦了，秋水剪瞳的大眼睛里多了忧伤。他原本木然的心，因为她的忧伤，忽然有了疼痛的感觉。她把手放在玻璃上，他把手合上去，两个人互相注视着，都不说话。

良久，她说："我怀孕了。"

像一声炸雷，他先是错愕，然后是惊喜，最后是痛心。他懊恼不已，一直盼望的孩子，却来得这样不是时候。他低低地说了一声："抱歉，去医院做掉吧，我不会怪你的！"

她哭了，是那种无声的饮泣。眼泪滚落的时候，她倔强地说："不，我要把孩子生下来。为了孩子，你要好好改造，争取早日出来。"

从那时候开始，孩子成了他全部的寄托，他会想象牵着孩子的小手一起散步，送孩子去幼儿园。他常常会在睡梦中幸福地笑醒。

他没有再提离婚的事，因为孩子，因为她，他很努力地改造。因为表现好，他被提前一年放出来了！

出来的那天，她来接他。她远远地站在风里，长发早已剪短，裙子也换成了长裤。她利落、干练、稳重，早已没有了当年小女子的娇俏。

他的眼光四处不安分地搜寻，并没有找到急切想看到的那个人，想来那个小人儿不适合来这种地方吧？

回到家里，仍然没有看到他想念了无数次的女儿。他终于忍不住问出口："我想见见咱们的女儿可以吗？我知道我愧对她，可我就是想见她，你不知道我有多想她。为了她，我放弃了很多杂念，坚持着，坚守着，盼望着和她相见的这一天……"

她沉默了良久，终于开口："对不起，我从来没有怀孕，也没有生过女儿。我撒谎了，我怕你破罐破摔，怕你不能接受命运的挫折……"她语无伦次,泪流满面。

他怔住。他从来没有想过,孩子原来是她虚构出来的。因为怕他在挫折中沉沦,她竟然虚构了一个女儿,一个能给他未来和希望的小天使。

他把她轻轻地拥在怀里。有妻若此,夫复何求?他的眼泪有了幸福的温度。

不要轻易翻看爱情的底牌

女人习惯把赌注押在爱情上,用婚姻做抵押;男人习惯把赌注押在婚姻上,婚姻只是一种打赌。

那几天,家里的气氛异常沉闷压抑,令人窒息。男人坐在那里一声不吭,已经三天了,不吃不喝,甚至连书房里厚厚的丝绒窗帘都不曾拉开。

那一次对他的打击是致命的,因为他们公司里的一个员工违规操作,致使设备爆炸,导致的直接后果是一个员工的手臂被炸断了。男人觉得心里堵得慌,一个人的命运就此轻易地改弦易辙,包括他,也包括那个员工。

顷刻,树倒猢狲散,除了设备的损失,还得承担员工的巨额医疗费用和遣散费用。他用尽了所有的积蓄,甚至卖了车和房子,还借了外债，解散了公司。那是他苦心经营了三年多的公司，就那样一夜之间化为乌有。

女人很难过，也很心疼，可是她帮不上他。她屋里屋外地走，甚至跑到卧室里偷偷地哭，然后擦干眼泪，挂上刻意的笑容，在厨房里精心熬了他爱吃的莲子粥，做了败火的小菜，端给他吃。

他连看都不曾看她一眼，没好气地对她吼："就知道吃、吃、吃，都什么时候了还有心思吃！谁爱上你这样没脑子的女人，真是倒霉。"

女人沮丧地退出去，并不和他计较。一个人在经受了巨大的打击之后，往往会失去理智，口不择言，所以她原谅了他。

她跟公司请了假，专心照顾他，怕他想不开，怕他出意外，依旧每餐调理出精致可口的饭菜，端到他的面前。

有时候赶上有人打电话要债，本来说得好好的，他会一下子把手机摔到地上，把碗筷扫落到桌下。她弯下腰，默默地收拾好一地的碎片。

他安静地坐在那里的时候，像一座雕塑，安静得可怕。他不再飞来飞去忙着出差，不再有没完没了的公事，甚至不再早出，亦不再喝得醉醺醺地深夜归来；不再喝醉之后，例行公事地喊她："伊朵，给我按摩一下后背。"她知道，伊朵必定是一个出来混的女孩子，起了这么一个妖娆的带着芬芳的假名。

这样的日子大约过了两周，他依旧不能够面对这个惨痛的现实。

有一个傍晚，女人照旧端来饭菜给他，他有些歇斯底里地对她大喊大叫，于是她把一张在手心里攥了很久的单子交给他。他把单子展开，回头用带着疑问的眼神看着她，她点点头，说："你收好，这是我们相爱的时候，用零星的'碎银子'给你买的意外保险，保额不大,但总能抵挡一阵子,聊胜于无。"

他先是惊愕,然后是惭愧,慢慢地低下头,对女人说:"其实你真的不必对我这么好。如果不是出了这件事,说不定我们早离婚了,现在也许成了陌路人。"

她笑,说:"即便我们成了陌路,你也是我的前夫,有过相爱的时光,所以这点钱你收着,留个念想。"她还是那样,笑起来眼睛弯弯的,嘴角微微上翘,穿着不够时尚,甚至有些老土。有一段时间,他非常厌烦她这样笑,可是现在看来,却是那么温暖。

他跟她说:"我们还是离吧?"她点点头,真的把那张写了很久、有些皱皱巴巴、字迹有些模糊的离婚协议拿来,摊平了放在他面前,看着他轻轻地拿起一支碳素笔,却怎么也落不下去。他手指颤抖地问她:"到了最后,揭开底牌,我才知道,你是我最后的一张牌。有了这张牌,我才心安,我可以反悔吗?"她摇了摇头。

当初,男人风光的时候,夜夜笙歌,日日美酒,在衣香鬓影中流连。她厌倦了这个被声色欲望的诱惑蒙住眼睛的男人,所以跟他提出离婚。他并没有为难她,爽快地同意了,爽快得让她心里不舒服,爽快得让她心里难受。只是还没来得及办理手续,他就出了事。

沉默了半天,他自嘲地说:"好吧,反正我什么都没有了,也不在乎再少了你。"

他把那张纸递给她的时候,却怎么也不肯撒手。他知道,分开了就再也回不来了,所有的时光,还有她。

她看着他像一个孩子一样耍赖,看着他把那张纸撕碎扔进垃圾桶。她说:"好吧!大难来时,就让我做你手里的最后一张牌。不过你记住了,不管是好牌还是坏牌,用心打一定会有意想不到的结果。把坏牌打好了,才是你的本事,不要把机会认定在重新洗牌上,说不定重新洗牌，还没有现在的牌好。"

他握住她的手哭了，哭那些只能同苦不能共甘的仓惶岁月，哭那些甜蜜而忧伤的岁月。

爱情是奶油蛋糕上面的那颗樱桃

爱情是奶油蛋糕上面的那颗樱桃，甜蜜，美丽，但必须要有实际的生活做依托；如果没有，那也不过是空中楼阁。

站在门外的那一刻，他心里还在想，不知道这个死丫头能给自己一个什么样的惊喜。不过出差两周而已，她左一个电话，右一个电话，短信一天能发十来条，短信里写着：想得不行了，想得心慌，快点回来吧！

他很受用。刚结婚不久，她小鸟依人一般，他走到哪里她跟到哪里。这次他去南方出差，她因为要上班，所以只好留在家里等待。距离把两个人的想念抻得很长，像橡皮筋一样，弹回来的时候，反作用力很大。

推开家门，他怔住了，有一刻钟的时间根本没反应过来。这哪里还是自己的家？新房变成了猪窝，那个乱啊！高跟鞋横七竖八，扔得满地都是。旧报纸，沙发上、茶几上丢得到处都是。吃零食的纸袋、方便面的塑料袋都在餐桌上摆着。碗池里放着没洗的碗筷，洗衣机里堆满没洗的脏衣服。床上的被子也没叠，衣柜里的衣服居然都跑了出来……

她哼着歌，头发湿淋淋地从卫生间里出来，看到他，张开手臂就扑过来了。他吓得连连后退，愣了半天，才问："这是谁家？我是不是走错门了？"

"真新鲜，连自己家都不认识了。"她噘着嘴，赌气坐在沙发上。

他反唇相讥："你还知道这是自己家啊？我还以为是猪窝呢！猪窝都比咱家干净些。"

她也不相让："我是你明媒正娶的妻子，不是你花钱请来的钟点工，嫌家里脏，可以请家政公司。"

他气得嘴唇哆嗦："你可真不讲理。我怎么娶了你这么一个懒女人，自己收拾得挺干净，家里却折腾得像个猪窝，住着也不嫌脏。"

来言去语，以为小别胜新婚的相聚，变成了一场小规模的家庭战争。参战的双方，一个不停地吸烟，一个眼睛肿得像桃子，一个星期，谁也没理谁。

他和她都是80后，从小就被父母宠成了王子和公主，进入到婚姻的实质生活里，家务事的琐碎和繁重让两个人都望而却步。

她是父母的掌上明珠，从小娇生惯养，学舞蹈，学音乐，学绘画，虽然没有像父母期望的那样成名成家，学有所成，却练就了一身对生活不凡的品味和追求，大学毕业后在一家德资公司里做翻译。她时尚，漂亮，能干，可是对生活琐事却是一窍不通。从小到大，家中大小事情都由母亲打理，一旦结婚自己过日子，她手忙脚乱不说，还把家中弄得一团糟。

他是父母心中的宝贝，虽然英俊，儒雅，干练，工作上能够独当一面，但在父母心中，他仍然是那个没有长大的孩子，嘘寒问暖，怕他冷，怕他饿，床要暖，食要温，甚至在他工作的时候，打电话提醒他吃感冒药。他笑着摇了摇头，但仍然谨遵母命如圣旨。对生活琐事，他也不会比她好多少，常常问她去哪里交煤气费，去哪里交水电费。

有人说，谈恋爱是一个浪漫的活儿，风花雪月称二两，饿了吃花，渴了饮雪。而婚姻是个体力活儿，柴米油盐酱醋茶，开门七件事，事事不能少。

那个周末，他的气消了，对她说："我带你去一个地方吧？"她虽然点了头，但仍然气呼呼的。

他开着车，她坐在旁边，顺着公路一直驶向郊外。公路两边的树已经绿了，迎春花也在风中摇曳起来。离城市越来越远，下了公路，上了乡间的土路，去了郊区的一个村子里。

他的爷爷奶奶住在市郊的一个僻静处，房前种花，屋后种菜。去的时候，爷爷正在院子里听收音机，晒太阳，奶奶正在屋里做晌午饭。

午饭吃得是菜粥。爷爷嘿嘿地笑："将就吃点吧！我们家一天三顿吃粥，我都吃厌烦了，可是，太硬的食物，她怕我没本事消化。"他用下巴点了一下对面的奶奶，一脸笑容。

那是怎样的一幅生活画卷？和谐，包容，智慧，云淡风轻，其乐融融，时光在这里仿佛静止不动。多少年的磨合才会生成这样的默契？

爷爷眯缝着眼睛看着他们："小两口又吵架了？傻小子，吃过奶油蛋糕吗？奶油蛋糕最上面的那颗樱桃好比爱情，奶油蛋糕本身好比生活。樱桃再好吃，可是吃不饱。爱情再高贵，也是以生活这块大蛋糕为依托。没有了生活这块大蛋糕,樱桃还是樱桃,但不再是爱情。两个人在一起生活,都有勺碰锅沿的时候,没有什么大不了的。"

  回去的途中,他幽幽地说:"我爷爷在一场大病之后,就开始生活在轮椅上。我奶奶怕他消化不良,整整为他煮了二十年粥。他们都七十多岁了,仍然保持着对生活的新鲜感。"

  她不说话,两个人陷入了短暂的静默。

  车窗外,一晃而过的树已经绿意葱茏,她看着那些树,心中也泛起了盈盈绿意。许久之后,她说:"以后,我不只要奶油蛋糕上面的樱桃,也要奶油蛋糕。"

  他的嘴角牵出一抹笑容,腾出一只扶方向盘的手,紧紧攥住她的小手。

第四辑
一地鸡毛

再浪漫再美好的爱情，落实到婚姻这个层面上，都难免吵吵闹闹，争执不断，一地鸡毛。这是烟火婚姻的特质，是琐碎生活所导致的必然结果。两个不同家庭背景出身的人，生活在同一个屋檐下，磨合是一个必然的过程。谁买菜，谁洗衣，谁做饭，这些都是小事情。为这样的小事情争个输赢，分个胜负，伤了感情，实在没有必要。婚姻那么长，幸福那么远，我们一步一步慢慢向前走的时候，多看看对方的好，给自己一个好心情。

浪漫的爱情，美好的婚姻，最好别败在鸡毛蒜皮的小事上……

我不是公主，你也不是王子

从爱情走向婚姻，少了花前月下，多了柴米油盐。不要说"我不会"，爱他，怎么不学着为他煲一锅汤？

几乎每一个关于爱情的童话，故事最终的结局都无一例外地落入一个模式，公主和王子最终过上了幸福快乐的生活。至于是怎样一种幸福和快乐当然没有交待，给人们留下了想象和憧憬的空间。

她偏着头问他："你说公主和王子结婚以后会不会闹矛盾，吵架什么的？"他伸出手指在她的鼻子上刮了一下，说："小傻瓜，当然会的啊。"

那时候，他们刚刚结婚半年，没有豪华的水晶宫殿，也没有成群结队的仆人，只有一间八十平米的房子和对爱情的美好憧憬。

然而现实生活一下子击碎了童话般的幸福。房子是贷款买的，每个月除了还房贷，还要交纳物业费、水电费、煤气费以及手机费、电话费等等，生活一下子变得捉襟见肘。有时候他们会编个理由跟父母借贷，而更多的时候，在他的父母家里蹭一顿，然后再去她的父母家里蹭一顿，生活变得混乱而没有章法。

有一次，公司派他去外地出差。走的时候，他叮嘱她，抽时间去交水电、煤气的费用，抽时间陪陪父母，别老在街上闲逛，小心被坏人拐卖了，两个星期很快就会过去的，等他回来。

她点头答应，湿了眼眶，恋恋不舍地送他出门。那一刻，他的心有些湿润，下了决心，要对这个女人好，一辈子。

等他出差回来，刚到家门口就看到门上贴了两张水电、煤气的催缴通知单。他揭下单子握在手心里，打开家门，一股霉味冲鼻而来。天，他疑心自己走错了家门！抬头看看墙上的结婚照，他和她都笑得甜美幸福，他才相信这真的是他的家，并没有走错门。

霉味是厨房里的剩饭剩菜发出来的，摆在餐桌上已经不知几天了，长了一层绿毛。床上的被褥也没叠，鞋子扔得满地都是，衣服胡乱地扔在沙发上。茶几上，满是零乱的食品袋子。打开的书，散乱地堆在地板上。这个家哪里还是一个家，都快成了垃圾站了。

他心中升腾起怒气："这哪里是娶了一个老婆，根本就是娶了一个公主！连这个家都不爱惜，还会爱我吗？"

好容易等到她下班回家，她惊喜地扑上来，说："老公你回来了？"他坐在沙发上生闷气，不理她。她撒娇地问："老公，谁欺负你了？我去给你报仇。"他推开她说："臭袜子东一只，西一只，衬衫东一件，西一件，你就不能收拾一下？"她也恼了，冷笑道："拉长了脸给谁看？臭袜子、脏衣服还不是你扔的？再说了，我嫁给你，是做你的妻子，而不是保姆。"他回言："我娶的是妻子，而不是公主。"

两个人激烈地大吵了起来，她愤愤地说："你还当我是你的妻子？你下了班，不回家，和那帮狐朋狗友，一起吃喝玩闹，心里根本没有这个家，也没有我。"

他反驳她："你好？发了薪水，直奔商场，喜欢的衣服，也不管多少钱就买下来，眉头都不会皱一下。每个月都有那么几天要喝西北风,我也忍你很久了。"

她的眼泪掉下来,对他说:"结婚以前,你不是说我要天上的月亮,你不给我星星吗?把我骗到手就完事大吉了?"

他冷笑着说:"嫌我不好,尽管找好的去。"

她第一次知道,他竟是这么不讲道理,于是就赌气摔门而去。本来是打算离家出走的,可是夜已经深了,外面黑乎乎一片,她有些害怕,于是站在走廊里,走也不是,留也不是。

站了半宿,腿都有些酸了,也不见他出来找她,她有些灰心。原来自己在他的心中如此无足轻重,他并不担心她是否被人拐骗,是否会遇到色狼。想到伤心处,她眼圈红了。

正难过得要命的时候,忽然发现从门缝里挂出一面白旗,借着走廊里昏暗的灯光,她看见白旗上画着两个卡通人:一个长头发公主在掉眼泪,一个忧郁的王子在旁边小心翼翼地端着一只大饭碗接眼泪。底下有一行小字:"我错了,回到城堡里再找我算账,你若走了就没机会了。"

她破涕为笑,在白旗上写下一行小字:我不是公主,你也不是王子,我们一起动手,把家里打扫干净吧。

不大一会儿,从门缝里伸出一只手,把她拽回屋里。

是的,她不是公主,他也不是王子,他们和我们一样,都是凡人,是一对有缘牵手的红尘中的烟火夫妻。

放心和孝顺父母的他在一起

如果他心里丝毫没有父母的影子，你还指望他一辈子把你放在心里吗？孝顺的人总能让你放心。

她是一个浪漫得不着边际的女孩。婚前对婚姻满怀憧憬和期待，她和他拉着小指头，约法三章：婚后三年内不许要孩子；婚后三年内不和双方的老人住在一起；婚后三年内家里不留客人小住。制定这样生硬的条款，为的是充分享受二人世界。

他小鸡啄米似的点头，心想：三年而已，又不是一辈子，有什么难的啊？他答应了。

两人小鸟筑巢般开始过日子，柴米油盐，家常琐事，偶尔也会拌两句嘴，但都不过夜就和好了。

有一天，两人去逛街。人来人往的商业街上，美女是一道惹眼的风景，他多看了两眼，她不依不饶，回家后，罚他说一百遍"我爱你"。他不肯说。她气得哭了，说他没有诚意。两个人赌气谁也不理谁。

第二天中午，她正在公司里吃午饭，他打电话来，说晚上请她吃西餐。她转怒为喜，扔掉手里的餐勺，汤也不喝了，皱着小鼻子暗想：他道歉的方式好是好，就是太浪费了。

下了班，她还是去了。那家西餐厅，结婚前两个人曾经一起去过。那时候，他不会吃西餐，找来西餐礼仪方面的书，现学现卖。他笨拙地拿着叉子，叉起一块牛排，还未来得及送到嘴边，就掉到了鞋上，他窘得脸上堆起了红云。从此任她怎么说，他都不再去那个地方吃饭，逼得急了，他说："我家里小门小户的，这辈子都学不会吃那东西，不像你，生来就是小资女人。"

想起谈恋爱时的往事，她忍不住笑了。在西餐厅里见到他时，她调皮地问他："怎么想起吃西餐？"他故作神秘地说："吃完再告诉你！"

喝了红酒，又吃了甜点，她抹抹嘴，等着听他的甜言蜜语，谁知他酝酿了半天才结结巴巴地说："素衣，我想把妈妈接过来和我们一起住，我们现在有了自己的房子，经济也宽裕了……"

她"嚯"地一下站起来，差点碰翻了身后的椅子，不高兴地说："结婚以前，我们是有过协议的，这才几天，你就食言？你把你妈接来，我们这哪是二人世界啊？根本就是养老院。你如果觉得我们没有尽到儿女的孝心，我们多给钱不就行了吗？"

他忽然恼怒起来，说："你就知道钱钱钱。"安静的西餐厅里，惊雷一样的响声，很多人忍不住回头看。她负气地抓起椅子上的手袋，头也不回地跑了出去。

那天晚上，她睡在书房里，任他怎样敲门都不开。他在门外嚷嚷："我从小没有父亲，是妈一手把我拉扯大，供我上大学。我妈一个女人，一年四季，起五更爬半夜，磨豆腐，卖豆腐。三九天，走街穿巷，手脚冻肿了，吃饭拿不住筷子。睡觉，夜不能安寐……这一切都是为了我，为了我的学业，为了我能像一个城里人一样生活。而今，我有了妻子，有了房子，在城里立稳了脚跟，但我的母亲还在乡下受苦，我还是个男人吗？前两天姐姐打电话说，妈病了，病得很严重，让我带她到城里看看，你说我能不答应吗？"

听了男人的肺腑之言，她有些动摇了。浪漫的二人世界一直是她坚守的底线，可在他的一片真情面前，显得有些苍白和孤单。一个男人，如果连自己的母亲都不爱，那么他对一个女人的爱也是轻飘站不住脚的。她轻轻地打开门，他进去拉她的手，两个人一起回卧室。

他回老家把母亲接来，安排在医院里住下。她在家里熬了小米粥，亲手做了小菜，送到医院里。

隔着玻璃窗，她看到他胡子长长了，一身的疲惫和倦容，想来这两天他根本没有睡过。婆婆睡着了，他一个人守在床边呆呆地出神，不知想起了什么，眼泪缓缓地流了下来。

认识那么久，她第一次看到他流泪。那时候，他找工作连续被十五家公司拒绝，顶着那么大的压力，不见他皱眉；他的脚受伤了，疼得脸都扭曲变形了，也不见他喊一声疼。可是他对着母亲，一个瘦小的老太太，却忍不住流泪了。

她的心猛地一抽：谁说男人流血流汗不流泪？

一个男人的眼泪，是血是金子是尊严，那么轻易地刺中她心中最柔软的地方。她走到他的背后，轻轻地抱住他，她在他的泪水中缴械投降。

低成本吵架协议

生活在一个屋檐下的两个人，不吵架是不可能的，勺还有碰碗的时候，更何况是两个大活人呢？

下班回家，老公殷勤地迎上来，把一双柔软的布拖鞋递到我手上，嘘寒问暖，一脸的关切。因为从来没有受过这样的礼遇，我有些受宠若惊。

换了居家的衣服，去厨房做饭，发现餐桌上摆满了我爱吃的菜，而且还开了红酒，花瓶里插着我喜欢的白色百合。整得这么有情调，我不免心生狐疑：从前老公下班回家，都是坐在沙发上，跷着二郎腿，不是看报纸就是看电视，今天怎么太阳从西边出来了呢？

翻了翻日历，既不是我的生日，也不是我们的结婚纪念日，因何搞得这么隆重呢？再看老公，低眉顺眼，柔情蜜意，不停地给我夹菜。俗话说："礼下于人，必有所求。"且看看他有什么花样。

果然不出所料，酒至半酣，情至半浓，老公掏出一张A4的打印纸递给我说："我想跟你签份协议。"我心中一惊：该不会是离婚协议吧？这家伙什么时候悄悄抄我的后路，生了外心呢？

唉，我叹了一口气，天要下雨娘要改嫁，挡是挡不住的。怀着一颗视死如归之心，把那张A4纸接过来，上面赫然写着"低成本吵架协议"，清清楚楚地列着一二三条：第一条，吵架时不准摔东西；第二条，吵架时不准动用暴力致使对方受伤；第三条，吵架后不准离家出走。

我松了一口气，只要不离，签什么协议都成。

狠了狠心，闭着眼睛唰唰唰签了我的大名，协议从此生效。看在人家殷勤地给我拿拖鞋的分儿上，看在人家运用平生所学亲自下厨的份儿上，看在人家处心积虑、挖空心思整出了"低成本吵架协议"之一二三条的分儿上，签就签吧！

谁知协议签了之后，老公立刻翻了脸，一改低眉顺眼、柔情蜜意的样子，一副公事公办的嘴脸，声称以后谁如违反此协议，按规定处罚，除了包揽所有的家务之外，每天晚上还要给对方洗脚。

天啊，我可不想踩到他的尾巴上！为了避免被罚，我尽量小心谨慎地避免雷区，力争不主动挑起事端。

结婚以后，二人世界里的战争频繁暴发，大吵三六九，小吵天天有，想想那些日子，简直是考验我那并不坚强的神经。最严重的一次，是因为我打扫书房时，不小心把他的宝贝碰落到地上，摔了个粉碎。他急了，跟我吵了起来，任我怎么解释他都听不进去，不依不饶。我气极，摔烂了书房里古董架上那些真真假假的宝贝，什么清代的玉盘，明代的瓷罐——当然都是仿制品，统统不在话下。他心疼地抚着一地的碎片，片刻之后冲过来，我以为他要动手，来了个先下手为强，伸手在他脸上挠了两道。他呆住了，想不到我会下此狠手，狠狠地看着我。我自知理亏，收拾了东西，离家出走，去了另外一个城市的闺中密友家里躲难。

多日之后，战争停歇，怒火烟消云散，想到对方的好，心中都有些挂怀，不知道他是胖了还是瘦了，想主动回到老窝，怎奈闺密执意要让他来接我，当她的面向我赔礼道歉。他居然很给我面子，买了花送给我的朋友，又请她吃了饭，堵了她的嘴，才一起双双携手打道回府。

回到家里，点灯熬夜，仔细算了一下这次吵架的成本，不算不知道，一算吓一跳。那些清代的玉盘，明代的瓷罐，在市场上买的时候花掉好几百块呢。他的脸被我抓了两道血印，结痂之后惨不忍睹，所以他请了半个月的假，伤好之后才去上班，被扣掉半个月工资不算，还被扣掉了奖金补贴之类诸多项目。对我而言，损失更大：不辞而别跑到另外一个城市，被公司开除了；在女友家白吃白住，但路费总要自己出的，来回一千多块。老公来接我，路费又花掉一千多块；又送闺密礼物，又请闺密吃饭，又花掉一千来块。

这一场架吵下来，精神损失不算，经济上就损失了几千块啊！个把月来这么一次，这日子还怎么过啊？

老公夜里不睡觉，苦思冥想，终于给他想出一条妙计，和我签署了一份"低成本吵架协议"，用来约束双方的行为，特别是行为失控时，拿出此协议还真管用。

有一天，因为一件小事又吵了起来，刚想把手里的茶杯茶碗往地上扔，他不怒反笑，说："摔啊！别说我没提醒你，你摔了，就要包揽所有的家务，还要每晚给我洗脚。"他摇头晃脑："那滋味一定很好。有美人洗脚，一定是神仙的享受。"

我忍不住笑了，把茶杯茶碗轻轻地放在桌子上，回击他："别臭美了，我才不上当呢！"

生活在一个屋檐下的两个人，不吵架是不可能的，勺还有碰碗的时候，更何况是两个大活人呢？如何把吵架的成本降至最低，才是当务之急。伟人说："要文斗，不要武斗。"两个人吵架，斗斗嘴就行了，也是一种乐趣，千万别和自己过不去。东西摔烂了，还得去买，婚姻摔烂了，就无法修补了。

乡下婆婆VS城里儿媳

时代不同，生活方式不同，矛盾总是难免的。但是真爱总能很好地消弭这些矛盾。

吃过晚饭，沉默了半天的男人说："前两天姐姐给我打电话，说妈妈在乡下老家生病了，时而清醒，时而糊涂。妈妈辛辛苦苦一辈子，到老了连个说话的人都没有，一想起这些，我的心就像被针扎一样疼。"受到男人情绪的感染，她的眼圈也红了，情不自禁地说："那咱把妈接来和我们一起住吧！"男人一听立马面露喜色。

星期天，和男人一起去火车站接婆婆。婆婆穿戴干净朴素，看上去气色还好，客客气气地和她打完招呼，然后拉着儿子的手絮絮叨叨，又哭又笑。男人一副逆来顺受的样子，让她看得嫉妒不已。这家伙在她面前常常极尽跺脚、瞪眼之能事，从来没有这么温柔过。

因为爱这个男人，所以她一直对给予男人生命的婆婆心存感激。只是真正在一起相处，她对能否和婆婆和平共处还是心存忧虑。

女人有一个时尚的职业，靠给杂志社画插画谋生，SOHO一族。婆婆死活都不相信，她在家里穿着睡衣就能挣到钱。婆婆的概念是要么下田，面朝黄土背朝天，要么在工厂里做工，汗珠子掉在地上摔八瓣，那才叫工作；她这样的叫游手好闲。

婆婆刚来的那几天，她尽量争取早睡早起，做个好媳妇，可是没过几天就原形毕露了。一大堆的工作压在手里，夜里怎么都睡不着，只好起来做事。负面反应是早晨起不来，婆婆看不惯，故意在厨房里弄出很大的声响。她只好睡眼惺忪地爬起来，跟着婆婆下厨，心中却是叫苦不迭。

一天，她正在电脑上赶一个画稿，忽然停电了，没有来得及保存的画稿"全军覆没"，她白白辛苦了五六个小时不说，关键是还会影响杂志社工作的正常进程。她一下子傻了，忙跳起来检查电源开关，发现开关总闸掉了下来，开关下面还有一把用来垫脚的椅子！

她知道是婆婆干的好事儿，心中被怒气填满。这不是害人吗？她气冲冲地去敲婆婆的房门，婆婆打开门，很无辜地说："我看你电脑都开一天了，所以关掉电源，想节省点电。"

晚上男人下班回来，她悄悄地投诉，谁知男人不但不同情她，还一反常态地反唇相讥："不就是几张破画吗？你再多画几张不就结了吗？"她气得差点背过气去。因为她从来没有看到男人这么不讲道理，明明是婆婆不对，却把她数落了一顿。

女人越想越气，最后眼泪掉了下来。

婆婆像一个犯了错误的孩子似的，处处迁就她。但她实在咽不下那口气，不看婆婆一眼，也不跟她说话，家里的空气沉闷得让人窒息。

晚上，婆婆做了几个拿手的菜叫她去吃，她没有出去，婆婆红着眼圈走开了。男人进来劝她，她仍然不肯去。男人火了，对她吼道："你到底想吃什么？"她赌气说："我想吃海棠果。"男人没好气地白了她一眼："心血来潮，上哪儿去买？"她梗着脖子看着窗外，不理他。其实她也知道海棠果不好买，还是当年在男人乡下的老家才吃过。

第二天早晨起床，听到厨房里传来低低的抱怨声。她悄悄躲到餐厅的门后，听到婆婆无可奈何地叹气："你那老婆也该管管了，整天游手好闲，早晨也不起来给你做早饭，睡到太阳晒屁股还不起床，都是你把她惯的。"男人笑嘻嘻地哄她："妈，你别看她整天没事儿似的，其实她的工作很辛苦，整天对着电脑，眼睛疼得直流泪。再说了，她挣的钱比你儿子挣得多呢。"婆婆不相信地问道："这是真的？"

女人心想，这家伙总算说了一句良心话。于是悄悄地溜回床上躺下，一觉睡到下午两点多。起床后没有看见婆婆，也没有在意，可是一直到快天黑还没见着婆婆人影，她慌了，赶紧给男人打电话。

几乎所有能找的地方都找了一遍，可还是没找到婆婆，男人急得脸都白了。他不停地吸烟，看得她心疼不已。

一宿无眠，第二天下午，等足了二十四个小时，准备去派出所报案，刚到楼下，忽然看到婆婆的身影，两个人激动得说不出话来。婆婆头发凌乱，满面倦容，衣服上满是灰尘，看见他们，老远便举起两只手，脸上的笑容生动得如同秋天里一朵灿烂的菊花！

婆婆只顾看着他们，不小心绊了一跤，摔倒在地上。她和男人跑过去扶起婆婆。婆婆的手磕破了，掌心里渗出血来，一只手里死死地攥住一瓶润舒滴眼液，另一只手里抓着一个塑料袋，里面装的海棠果四散开来，滚了一地。

农村老家在二百里外，来回要坐车七八个小时！她看着婆婆，不知道说什么好，抓住她那只渗出血的手，把脸深深地埋进去，眼泪簌簌地往下掉，因为她说过想吃海棠果，因为男人说过她的眼睛疼得流眼泪。

其实人与人之间的爱是相通的，乡下婆婆VS城里儿媳，终于实现了爱的无缝对接。

管钱跟管爱一样需要智慧

回家有可口的饭菜，五斗橱里有成打的袜子和内裤，茶叶罐里有喜欢喝的铁观音，衣来伸手，饭来张口，还要钱干吗？管钱多累啊，还是让老婆折腾去吧！

他朋友的妻子是一个高雅脱俗的女人，夫妻两个在一起从来不谈论柴米油盐这些俗事。因为他们婚后一直AA制，没有经济问题的牵绊，所以他们的爱情一直停留在风花雪月的层面：周末有浪漫的烛光晚餐；他朋友送给妻子礼物，一盎司150美金的香奈尔NO.5香水、几千块的LV手包。朋友妻亦只是节制而礼貌地笑笑，说声"谢谢！"他真的艳羡他们跟钱没有瓜葛的神仙日子。

不像他的老婆，睁开眼睛是钱，闭上眼睛还是钱，连说梦话都跟钱有关："老公，你把钱藏哪儿了？当我不知道啊？昨天我在你的鞋子里面找到了两百块。就你那智商，藏得再隐秘，我也能找到，嘻嘻……"

老婆赤裸裸地"拜金"，两只眼睛里只有钱，而且只盯着他口袋里的钱，少一分钱，她都有本事查得清清楚楚，并不担心自己在别人眼中的形象会打折。

刚结婚没多久，她就把他发薪的日子摸得一清二楚。那天下班回家，刚刚进屋换了拖鞋，正在厨房切菜的老婆，举了把菜刀就冲出来了，笑眯眯地问他："今天发工资了吧？"

他吓得连忙后退两步，指指她手里的菜刀说："看你的样子，不像是跟老公要饷钱，倒像是一个勒索敲诈的不法分子。"

老婆红了脸，把菜刀藏到身后，慢慢退回厨房，放下菜刀，二度冲出来，一把夺下他手里的薪水袋，眉开眼笑地从里面抽出一张递给他："这是你这个月的零花钱。"

他拿着这一张一百元钱，觉得有些委屈的愤懑。想从前，没进围城的时候，是何等洒脱和自由，发薪了，叫上哥们和朋友先去饭店撮一顿，再买上几条好烟犒劳自己。看看现在，虽说是有老婆的人了，却备感凄凉：钱不能随便花，客不能随便请，烟不能随便抽。就连老婆过生日，为了讨好人家，悄悄地买了一捧玫瑰花，竟然被她苦口婆心地教育了半个月："干嘛乱花钱？有钱烧的啊？我们都老夫老妻了，还学人家年轻人送花送口红？有本事你送我香车豪宅。记住了，以后别花那冤枉钱，有买花那钱，你还不如送给我实惠些的。"

听听，这叫什么话？谁规定结了婚的人就不能整出点浪漫情调？他嘲笑她是地主婆的理论和逻辑。她笑着说："我不抢不偷，不爱别人的钱，就爱你挣的钱，有什么不可以？"

被老婆管制得死死的，花钱要申请，请客要批示。有一次单位里的同事聚餐，本不想去，可是被大家生拖硬拽拉去了，吃到八分饱，一个人趁大家不备，偷偷溜出去。那阵子，同事们见了他就想起那码子事，一个劲地拿他开心取乐，多丢人啊！他把这笔账都记到了"拜金"老婆的头上，把钱管得那么死，害得他灰头土脸的，怎么做人啊？大男人口袋里怎么可以没有钱？

想打工资的主意，显然门儿都没有，"拜金"老婆根本不会给他机会，看来他只能另想出路。可是他一介书生，毕业后一直在一个清水衙门里做事，水清得能照出人影，一点辙都没有。

偶然在报纸副刊上发了一个豆腐块小文章，收到几十块润笔的酬劳，本想在老婆面前显摆臭美一番，可是怕见钱眼开的老婆把这笔小钱没收了，所以只好忍住不说。

私吞了第一笔小财，便一发不可收拾。每天晚上趴在书房里辛勤笔耕，可惜天赋有限，还得提防"拜金"老婆随时查岗，老婆一来，他赶紧打开游戏《斗地主》的页面，搪塞过去。她知道了可不得了，辛辛苦苦赚来的几个小钱还不得全部归她啊？

正当春风得意之际，机关整编，他下岗了，没有了工资来源。正在担心"拜金"老婆会不会也把自己裁员了，屋漏偏逢连雨天，老妈又生病住院了。每天还得装模做样地夹着包去上班,到了发薪的日子,他愁得跳海的心都有。

抱着一副豁出去的心态回到家,老婆把手伸到他面前,他没好气地说:"你就知道关心我的钱,从来不关心我这个人,在你眼睛里,有没有比钱更重要的事?"

老婆不怒反而乐了,一副幸灾乐祸的样子:"我想看看你能装到几时。"说着,她拿过一个牛皮纸的纸袋,哗啦一下倒出来,说:"你老婆爱钱不假,可是,并没有因为爱钱就吃了山珍海味,穿了巴黎时装,用了法国香水。这些年,我们家攒的这点钱都在这里。"

原来,"拜金"老婆这些年把钱分了三份,三分之一投资了房产,三分之一买了有价证券,三分之一留作了储备基金存在银行里。家里那点钱,经过她一打理,翻了好几番。

她从储备基金里拿出一张存折给他,说:"呶,这钱是给你妈看病的。"又从抽屉里拿出一千块钱现金丢给他说:"大男人,口袋里不能没有钱,揣在口袋里,心里踏实。丢了工作不要紧,重新开始吧!"

他不敢置信地看着"拜金"老婆,她给了他一份意外和感动。是的,她爱钱,却爱之有道。

给老妈看病的存折没有让他狂喜,倒是口袋里凭空有了一千块钱巨款,很有些扬眉吐气的感觉。可惜,那些钱在他口袋里若干天,一分也没有花出去,最后,只能把这些钱连同写稿偷偷摸摸攒的私房钱一并还给了"拜金"老婆。

回家有可口的饭菜,五斗橱里有成打的袜子和内裤,茶叶罐里有喜欢喝的铁观音,衣来伸手,饭来张口,还要钱干嘛?管钱多累啊?

还是让老婆折腾去吧!

用积分换幸福

聪明的女人,不会眼睁睁看着婚姻散场,总会做点什么。比如,为爱情积分。

晚上八点钟,他给她打电话,迟疑地说:"晚上我不回家吃了。"她抓着电话,有些急切:"可是,我给你煲了你爱喝的猪骨汤,放了山药,煲了好几个小时,可香了……"

他打断她:"我真的有事,晚些时候回家再喝!"她对着电话有些呆怔,她听见话筒里传来的呼吸声有些急促,背景一片嘈杂,一个湿软的女声娇滴滴地钻进耳朵:"小宝,怎么打了这么久?快点走啊!"

她的心一下子掉进了看不见的深渊。这个"宝"字,是他名字中间的那个字,只有她叫他小宝,不然一个大男人,叫这样的名字,想想都会脸红。可是现在,又有一个女人这样叫他。

结婚不过才三年啊!三年,真的不算很长的时光,而爱在这不算很长的时光里已磨损湮灭?她忽然觉得空间狭小逼仄,想发火,想摔东西,想把砂锅里熬的汤倒进厕所里。她想做点什么,可是做点什么呢?

愤懑把心填充得一点空间也没有，她在客厅里转了一圈又一圈，最后坐在沙发上，拿着遥控器，胡乱地把所有的台找了一遍，转到《媳妇的美好时代》时，她停了下来。正播到杨树快不行了那段，临终时，他一遍一遍叫着儿子的名字，可是她的妻子曹心梅，他一个字都没有提，原因是他们是二婚，他的心中一直想着前妻和儿子，心里根本没有曹心梅的位置。

二婚的女人，在前夫心中没有位置，后夫心中也没有爱，甚至连死后都没有一个人和她同葬一穴，还有什么比这更让人悲哀的事情？她一边看，一边抹眼泪，可是怎么擦都止不住。

快到深夜十二点的时候，男人回来了。他蹑手蹑脚地掏出钥匙打开门，门厅里亮着一只有3瓦的白炽灯，微弱的光亮像萤火，温暖安心，足够他看得见换鞋。鞋柜上放着一张小纸条，他对着灯光，看见上面写了几个字：天冷了，我把你往年穿的棉拖鞋找出来了，你换上，不然你的脚又要裂口了。他的心中一暖：他的皮肤干燥，一到冬天就爱开裂，特别是脚，裂口时，钻心地疼痛，难得她一直记得。

他去客厅里换衣服时，看见衣架旁边的墙上粘了一张小纸条，他凑近了才看清，上面写着：我今天给你买了一套新睡衣，你试试看看合身不？不合身的话，明天我再去那家商场给你换。

他去冰箱里拿饮料时，看见冰箱门上也有一张纸条，上面写着：冰箱里的东西别一拿出来就吃，对身体不好。用身体的热量去暖冰冷的食物，能不生病吗？胃能不疼吗？要学会爱惜自己。

他去浴室洗澡，看见浴室的镜子上也有一张小纸条，上面写着：浴盆外面的防滑垫我换了新的，你出来的时候，一定要站在防滑垫上，不然会滑倒的。他看着纸条，忍不住笑了，记得以前摔倒的那个人是她，她倒来嘱咐他。

　　他想去书房凑合一夜，开了台灯，看见写字台的玻璃底下压着一张小纸条，上面写着：别熬太晚了，明天还要上班，身体吃不消的，我在床上等你。纸条的后面，俏皮地印了一个红色的吻痕。

　　他拿着那些小纸条，感慨万千，一颗心，潮湿温热。平常这些话，都是挂在她的嘴边的，天天唠叨，他还有点嫌烦。可是今天因为他回家晚，她没有机会在他耳边唠叨，所以换了一种交流方式，给他的感觉却是不一样的，很震撼。

　　她一直在为爱积分，为这个家操劳，而他却一直在为爱减分，一颗心游移不定。他想起去超市买东西时可以积分，去饭店吃饭时可以积分，甚至上网玩游戏也可以积分，生活中的很多事都可以积分，然后用积分去换取额外的奖励。

　　而爱也是一样，也可以积分，每一次为对方做一件事的时候，爱就增加一分，积分多了就可以换取幸福。

　　他拿着那些纸条，去卧室找她。她蜷曲着，侧向左边，已经睡熟，脸上犹有泪痕。他有些难过和自责，是自己让她受了委屈，所以她才会流泪。以后和她一起，一定要好好的，不再朝三暮四，心猿意马，好好地为爱积分。

　　他俯下身，在她的脸颊上轻轻地印下一个吻。

酸酸甜甜爱滋味

婚姻里，如果一味地甜，会让人腻味；如果一味地苦，会让人逃离。给爱情里面加点醋，酸酸甜甜，才会可口。

她曾经无比温柔地问男人："老公，你会为我吃醋吗？"男人是那种死要面子活受罪的强硬派，他眼睛一翻说："哪有大男人吃醋的？"想想也是，吃醋好像是女人的专利。

一个周末，新来的上司打电话来请她吃火锅，她以为办公室的人都会去，所以没有拒绝。男人很大度，对她说："快去快回，晚了不好。"

去了才知道，原来上司只请了她一个，虽然只是谈工作上的事儿，并没有跑题，但这种相当于约会性质的晚餐还是有点不妙。

她巧妙而有礼貌地和上司周旋，既回避了问题的实质，又不伤及上司的面子。告辞之后，回家的路上，她看到街边的玫瑰花很漂亮，方才想起今天是情人节，于是心血来潮买了一束黄玫瑰抱回家。

男人警惕地问："哪来的花儿？"她说在街边买的。男人一副死活不信的样子。也难怪，平常回家手里拿的是一把青菜，今天改玫瑰了，谁会信啊？

隔周周末，上司又打来电话约她出去吃饺子，男人这次多了个心眼儿，死活要跟着一起去。无奈，他们只好一同前往。

餐桌上，她和上司寒暄着，气氛渐渐转浓，继而活跃起来。上司说:"雪儿,把醋递给我。"男人忙放下筷子说:"醋没了,我让服务员送一瓶过来吧!"上司的脸上立刻变了颜色,等服务员把醋拿来,男人根本不理她递过去的暗示眼神,假装失手,一瓶醋洒在上司的脚边,笔挺的西裤被溅湿了一大片。冲天的醋味中,上司灰溜溜地逃走了,从此再也没有请她吃过饭。

回家的路上,她笑得直不起腰来。他愤愤不平地说:"雪儿也是他叫的吗?"原来被吃醋的滋味真的很好,酸中有甜,甜中有酸。

从那天开始,他似乎一夜之间开了窍,常常制造一些小麻烦让她吃醋。

有一晚,男人回来的时候已经深夜十一点了,谁知白衬衫的衣领上,赫然印着一个鲜红的唇印,然后在她的眼前明目张胆地晃来晃去。她心中一惊,想不到这么老实的男人,也变得花心起来。

她失去了理智,一把拽住男人说:"我跟着你吃苦受穷住小房子,日子刚刚有了一点起色,你竟然辜负我,跑出去拈花惹草。"男人不怒反笑:"哥们儿和我打赌,一个人印一个口红印回家,看看谁的老婆会打翻醋缸。老婆啊,你果然没有让我失望。"

她的脸一下子红了。想想也是,以老公的智商,如果在外面作案,怎会如此嚣张地授她以柄呢?原来他也学得狡猾了,和她玩了个小花招,她竟然上了他的当,也算没有辜负他的一番良苦用心。

婚姻里,如果一味地甜,会让人腻味;如果一味地苦,会让人逃离。给爱情里面加点醋,酸酸甜甜,才会可口。

爱的回声

爱其实就像一面回音壁,你喊抱怨的时候,它回报你的也是抱怨;你说"爱"的时候,它回报你的也是爱。

结婚以前,他在她的眼里,浪漫温情,体贴入微,洒脱能干,是一个教养与修养都比较好的人。结婚以后,她发现他不但是一个不拘小节的人,而且是一个斤斤计较的人。带朋友回家喝酒,弄得满屋子乌烟瘴气,用过牙膏也不知道放好,看过的书随手乱放,报纸居然都被他搬到卫生间里去了。总之,好好一个家,温馨整洁,竟然被他弄得乱七八糟。

忍无可忍,终于吵了起来。她指责他:"家是我们两个人的,谁也不是谁的保姆,希望你自律。"他摇了摇头笑了:"家是给人休憩和温暖的地方,不是五星级酒店,还是随意些好!"她生气地嚷嚷:"猪圈一样的家有幸福和温暖可言吗?再说,我要上班,照顾父母,补充专业知识,没有时间跟在你屁股后面收拾。"他也生气了:"家里的东西自然有序地随意摆放有什么不好?非要像总统套房一样,纤尘不染?"

争执的结果,谁也说不服谁,她生气,他也生气。下班后,她不回家,他也不回,都推说有应酬。像照镜子一样,镜里镜外两个人,都噘着个嘴,冷战不休。

职场时兴"隐婚",她也不例外。公司里的小帅哥鲁明早就对她有些意思,里里外外,对她照顾得无微不至。她不吃早餐去上班,鲁明就在她的抽屉里放上巧克力。她天天穿着高跟鞋,有时候累得脚膝酸软，鲁明就在她的办公桌下面放上一双价格不菲的平底鞋。她有胃疼的老毛病，鲁明总会及时地递来"胃乐宁"。她像一个找不到家的小孩子，又累又饿时，忽然有人递上来一把糖果，心中的温暖肆意泛滥。鲁明借口说自己过生日，约她晚餐，她终于不好意思再拒绝。

那是一家情调典雅温馨的素菜馆。她喜欢吃素菜，觉得那是对肠胃的人文关怀。

以茶代酒，喝过两杯后，忽然看见他带着一个女孩走进来，示威似地坐在他们旁边，他甚至对她颔首点头。她心中生出些许的恨，本想狠狠瞪他一眼，然后再上去揪住他，大声质问那女孩子是谁，以维护自己的主权。可是转念一想，如果不是自己想的那样，可就丢人现眼了，他也会趁机取笑自己，而且会更加肆无忌惮地任意而为。

还是以牙还牙得好，他对她颔首点头，她回报他笑靥如花。看那个女孩，年轻水灵，高个儿纤腰，顾盼神飞。她心里一时像打翻了醋瓶，除了酸，五味杂陈，低下头吃菜，却全然不知道滋味。

回到家，他早已回来了，躺在床上翻书。她甩掉高跟鞋，打趣他："你的品味不错啊，那女孩很漂亮。"他丢下书，回敬她："你的眼光也挺好啊，那个男人阳光帅气。"她瞪他一眼："不是你想的那样。"他居然笑了："我们也不是你想的那样。"她翻过身不理他，他也丢下书，背抵着背，各自睡去。

周末，她和鲁明开车去郊外听大师讲禅，居然又碰到他和那个女孩在一起，两个人有说有笑，很亲密的样子。她一下乱了阵脚，不再心静如水，毕竟自己是爱他的，这样闹下去，只怕真的会闹到分手的地步，这毕竟不是自己想要的结果。

她开始认真思索他们之间的问题。他们之间只是生活习惯不同，没有原则性的问题，应该求同存异，而不是赌气、冷战，这样只能使事情更糟糕。

知道问题的症结所在，却没有好的解决办法。她像一只热锅上的小蚂蚁，想做点什么却又无从下手，急得团团转。

那年春节，他心血来潮，提出想去天坛看看。她本想反对，大冷的天，天坛肯定没人，有什么好看的呢？可是看到他殷切的眼神，她终于没忍心拒绝他。

和她想的一样，冬天的天坛游人不是很多，她和他穿着厚厚的羽绒服，像熊猫一样，在天坛瞎转悠。转到东配殿的墙下面，她看到一个高个子男孩对着北墙轻声说："安红，我爱你！"然后那个男孩把耳朵贴到墙上听回声。

她好奇心起，瞅瞅左右无人，他也没在身边，便对着北墙轻声说："老公，我爱你！"然后也学男孩的样子，把耳朵贴到北墙上，良久，居然听到回音："老婆，我也爱你！"悠长的回音，像天国传来的福音，幸福到颤栗。结婚两年多了，这是她听到的最幸福的回声。

爱其实就像这面回音壁，你爱的时候，它回报你的也是爱；你抱怨的时候，它回报你的也是抱怨。

两个人牵着手，一起往回走，心中都有一个期许，不再争执，不再冷战，不再恨，因为生活就像一面回音壁，爱着的时候，会传来幸福的回音。

面容渐渐苍老,爱情的纹路却没有改变

时光像一个巨大的沙漏,而爱随着时光的沙漏缓缓地流淌。轻轻拂掉时光的尘埃,爱依旧还在。

彼时,她和女友在茶吧喝茶聊天,谈笑间,一个熟悉的身影从眼前闪过,凭直觉,她知道是他。他的身边有一个女孩,高挑,漂亮,眼波如水。女孩不知说了一句什么,他夸张地笑着,笑得很开心。

隔着水晶珠帘,她的心忽然有一点疼,之后慢慢转为凉,因为他们在一起的时候,他许久都不曾这样开怀笑过。

在一起生活了十年,通过彼此的每一根头发、每一个眼神,都能洞悉对方的变化,哪怕这种变化细小得令人不易觉察。

回到家里,她犹豫着要不要问他女孩是谁。问吧,怕彼此挑明了,事情就无法回转,没有退路,真的不想舍弃这份婚姻;不问吧,可是这件事情又如鲠在喉,像有很多小虫子在心上爬,爬得她难受得眼泪都要掉下来了。

进退皆不是,左右难舍取,低下头,忽然看到一张报纸上的广告,庐山游,打六折,价格很便宜。她冲动地拿起电话报了名。

旅行社起程时,她如释重负地松了口气,仿佛是逃离,又仿佛是把心上的石头暂时卸了下来。茶吧的一幕,让她忽然开始担心和害怕,担心不爱了,害怕失掉了。不然他对自己怎么会那样地忽略?她把钥匙忘在家里,等他回来开门,站在寒风里,一等就是两个小时。从前不是这样的,一个电话,他会立刻赶到。尽管他把她拉进自己的怀里,用身体的热量温暖她,可是还是让她心惊肉跳地觉得,爱,渐

行渐远。

走的时候,他并没有去送她,因为忙。他手里打着领带,嘴里咬着面包,还在叨叨:"玩得快乐点,开心点,不用太着急回来,我自己能打理好自己。"

她怔了一下,暗想:不如摆明了说,一辈子别回来,也好明正言顺地换人。存了这样的小心思,一丝不悦悄悄地爬到她脸上。

想归想,她还是按着多年的习惯,在他的脸颊上亲了一下,然后拖着小小的行李箱出了家门。从前那个吻总是他主动索要的,她有些害羞,不肯吻他。现在,多数是她主动献吻,没有了激情和内容,更像是在沿袭一种习惯或礼貌。

七月的庐山,树木郁郁葱葱,美景如画,可一个满腹心事的女人却视而不见,百无聊赖地在山上呆了两天就下山了。在九江的小旅馆里,她给他打了报平安的电话,男人问她:"玩得开心吗?"她沉默了一会儿回答:"开心。如果你来,会更开心。"他当然明白她的话是什么意思,庐山行曾是他们的蜜月之旅,但还嘻嘻地笑着打哈哈:"忙呢,忙过这段,一定给你补回来。"

躺在床上,愁肠百转,刚闭上眼睛,她就听见玻璃窗户哗哗作响,屋子里的家具都在摇动。有人高喊:"地震了⋯⋯"她睁开眼,瞅着天花板,手脚发软不听使唤,然后被裹挟在人流里,身不由己往外涌。惊魂未定地站在楼下空地上她才发现,竟赤着脚,穿着睡衣,头发凌乱,腿如筛糠,要多狼狈有多狼狈。

其实地震并不是很大。后来,又有一波一波的余震,她不再有起初的惊慌。回到旅馆,找到手机,上面足足有二十多个未接电话,全是他的。回拨他的电话,接通后还没等她说一句话,他就连珠炮似的说:"别怕,多吃东西,补充体能,乖乖等我,我买了最近一班机票,现已在路上,马上飞去接你。"放下电话,她双手捂住脸,慢慢蹲在地上,心中大恸不止,第一次知道了心疼的滋味。

看见他,隐忍了多日的委屈和惊吓像洪水决堤,一泻千里。她扑在他怀里哽咽着:"我以为再也见不到你了。"他一把扳过她,上下打量,急切地问:"告诉我,有没有伤着?"她哭得说不出话来。劫难之后,终于看见爱的本来面目,光鲜如初。

凭良心讲,他是一个好男人,为了这个家尽心尽力。要怪只能怪时间,时间像一个无情的杀手,磨蚀掉很多东西,比如激情,比如容颜。原来爱一直在,日日安好地生活,没有了动荡和波澜,就生出许多的猜忌,信任像钙一样流失。而爱缺失了钙,其实就是摊烂泥。

时光像一个巨大的沙漏,而爱随着时光的沙漏缓缓地流淌,不经意间有了磨损。轻轻拂掉时光的尘埃,爱依旧还在。

街上的美女再美,不如家里的黄脸婆

一个女人有多美,通常由与她相伴的男人决定。

对面楼不知道什么时候搬进来一个漂亮时尚的女孩,每天早晚都会在阳台上走来走去,节奏欢快。一会儿出来晒衣服,一会儿出来喂鸽子,一会儿出来浇花——树状的紫藤,盆栽的郁金香,满满一阳台。

这个新邻居什么都好，就是衣服穿得太少，牛仔短裤，黑色吊带小背心，长长的腿，白皙的胳膊，身材窈窕，是个跳舞和当模特的好坯子。

有好几次她喊男人过来看。男人端着茶杯，趿拉着拖鞋，不情愿地丢掉报纸，不紧不慢地走过来问："看什么啊？"她笑，指着对面说："新邻居，是个美女哎！"男人不屑，开玩笑道："我当什么新闻呢，耽误我看报纸。美女大街上有的是，每天坐公交车上班都可以看到。美女再美，也没有我们家的黄脸婆可爱。"

她听了，噘起嘴佯装生气，追着他不依不饶，直到他笑得岔了气才肯作罢。他揽过她的肩，一本正经地说："黄脸婆怎么了，黄脸婆是家中的宝。"她揪住他的耳朵："再敢骂你老婆我是黄脸婆，我跟你翻脸。"他乖乖地投降。

每次跟她意见不合时，都是他检讨。他一脸坏笑地说："你不是黄脸婆，是一朵花儿。"她听了，脸上挂出笑容，知道底下没有什么好话，但还是忍不住问他："是什么花儿？"他说："狗尾巴花。"

这回她真的恼了，他怎么哄都哄不好她。她一边流泪，一边数落："嫁给你也好几年了，你除了贫嘴，什么长进都没有。结婚时买的这间小房子，像鸟窝那么小，贷款到现在都还没还完。办公室里的女同事，用法国的香水、日本的化妆品，假期不是去健身就是去美容，我有什么？什么都没有，天天窝在家里看电视是我全部的娱乐活动。嫁了你这样一个不争气的老公，不变成黄脸婆才怪。"

男人的脸一下子涨得通红，手足无措地看着她，说不出话来。

男人在一家国有企业上班，女人在一家私营企业上班，两个人的工资都不多，除了还贷，剩余的钱刚够生活，日子显而易见地紧巴。节假日出去旅行之类奢侈一点的活动，已经跟他们绝缘好几年了。就连一起去喝咖啡也要做下预算,看看这个月有没有超支。生活单调而且乏味。两个人每晚守着一台老式的电视机,一直看到困倦才去睡,有时候还会为看什么节目发生争执。男人爱看新闻和体育,女人爱看综艺和电视剧,争执不下的时候,两个人往往是划拳定输赢,赢的那个人必定兴高采烈地看电视去了,输的那个人心情寥落地抱着枕头郁闷睡去。

自从对面楼搬来一个美女邻居,男人便不再跟她抢电视看。刚开始她并没有留意,天天晚上对着电视里又臭又长的连续剧流眼泪。直到有一天,下班后在路边买了娇艳欲滴的草莓,晚饭后洗了满满一盘子,喊了他几次过后,他都没有动静。她去厨房、卫生间、卧室,一一找过才发现,他竟然拿着望远镜蹲在阳台上朝对面看,一边看还一边笑。

她的心生生地被牵扯了一下,疼得厉害,几乎站立不稳。这个男人岂止是没出息,简直太令人失望了!心理阴暗到了极点!偷看穿得很少的美女在家里晃来晃去,这样的事情都能做出来,还有什么事情不敢妄为?

她刚想揭穿他,忽然手机响了起来。她犹豫了一下,回到屋里接电话去了。

白天上班,她一整天都心不在焉,仔细想想,男人这段日子似乎并没有什么反常的举止,对她依旧关爱有加,每个星期一次的床事也很和谐,是哪里出了差错呢?她想得头都大了,也没有想出个所以然来。

晚上回到家里,她已无心再看电视连续剧,细心观察着男人的动静。吃罢饭,男人悄悄拿上望远镜溜到阳台,向着对面看得不亦乐乎。她潜到他身后,出其不意地朝着他的后背给了他一巴掌:"你在干什么?"他吓了一跳,忙把望远镜藏到身后,涨红了脸结结巴巴地说:"没……干什么。"她气呼呼地说:"别以为你干的好事别人都不知道。"他也急了,说:"我干什么了?不过是看看电视,有什么了不起的啊?"

她呆怔在那里,顺着他的目光往街对面看,街对面的一家商场外面不知道什么时候安了一块大屏幕,正在直播足球比赛,穿红色球衣的球队刚好是他喜欢的那支。

他缓缓地说:"我没有本事让你吃好穿好住好,你什么都没有,喜欢看个电视,我再跟你抢,我还是男人吗?"

她的眼睛瞬间潮湿起来,把头埋在他的胸前,一句话都说不出来。

爱的特权

爱一个人爱到能够包容他的缺点和毛病,只许自己数落,别人不可以,这就是爱的特权吧!

母亲是一个温和宽厚的女人,这一生几乎从未与人争吵,却唯独跟父亲过不去。父亲偶尔犯个小错,母亲便会揪住小尾巴不放,除了当面批评和数落,把父亲批得体无完肤,逮着我也会唠叨个没完没了。哪天如果碰到母亲有批评父亲的迹象,我就赶紧找个理由溜掉;

实在溜不掉，也只能默默地听着母亲对父亲的怨言。尽管心里想东想西，甚至神游天外，但表面上却要装作认真领会的样子，总不能跟母亲一起对父亲的言行指手划脚吧？时间久了，母亲从我这儿找不到共鸣和呼应，对我也颇有微词。

刚开始，不知道深浅虚实，心情不好的时候，我也会跟着母亲顺嘴附和几句。

有一天，父亲来了兴致，下楼跟棋友聊天下棋，兴高采烈地走了，没用半小时就垂头丧气地回来了。问其原因，父亲说："那家伙输了不认输，老悔棋，像个小孩儿似的。"

父亲的不屑激怒了对方，两个老人家像小孩一样，因为这点小事起了争执。父亲回到家里还气嘟嘟地噘着嘴，坐在饭桌边不吃也不喝，像个孩子似的赌咒发誓再不跟那爱悔棋的老小孩下棋。母亲怎么劝都不听，就是不吃饭。

我回家，母亲便把父亲的"恶劣"行径数落给我听。那天刚好我的心情不好，也听烦了母亲的唠叨，随口说："父亲这个人是这样，有时候太情绪化。这么大个人了，像个孩子似的，在一起玩个热闹，输赢有什么重要？心又粗，脾气又坏……"

老半天没有听到母亲的回声，等我从报纸上抬起头的时候，母亲的脸已经有锅底那么黑，我吓得连忙住嘴。

老半天母亲才说："这一次肯定是那老头悔棋的次数多了，你爸才生气的。你爸有时候是心粗，但他每次去外地出差，回来的时候都记得送我一样礼物。你爸是脾气坏，但一个男人怎么会连点脾气都没有呢？你爸敬业，爱家，爱你们，不像现在的年轻人，一点责任感都没有，就知道疯玩儿。"

天啊，母亲直接把矛头对准了我，我吓得不敢再吭声。这些话也无非都是母亲平常在我耳边反复数落过的，怎么我复述了一遍，母亲就生气了呢？

忽然想起一句话：我可以说，你不可以说。我忽然明白，数落父亲的不是，批评父亲的缺点，原来只是母亲一个人的特权，是不容许别人插嘴的。

母亲的数落和批评，是爱的另一种表达方式。他们那一代人，也许一辈子都不会对彼此轻易说出那个"爱"字，但一言一行却都是爱，甚至唠叨和数落都包含了暖融融的爱意。

比如父亲吸烟，母亲会说："吸那么多的烟当饭吃啊？"其实母亲的潜台词是：气管不好还吸那么多的烟，又喘又咳的，夜里睡不着多遭罪啊！父亲喝酒，母亲会说："喝那么多酒，像个酒鬼似的，满身的酒气你不烦我还烦呢！"其实母亲是想说：喝那么多的酒，犯了高血压可不是好玩儿的。父亲遇到什么不顺心的事儿，生闷气的时候，母亲会说："一个大男人，心胸就不能宽广点，怎么就那么小心眼呢！"其实母亲是想说：小心眼生闷气，吃饭容易生病，生病了又没人能替你遭罪。

时间久了，我们都明白了母亲数落、批评父亲的潜台词，我也不会再傻到跟着母亲随声附和。即便父亲真的有缺点和毛病，那也只能让母亲一个人数落；如果从别人的嘴里说出来，母亲就会不高兴，不接受。爱一个人爱到能够包容他的缺点和毛病，像爱护宝贝一样爱护着，自己可以数落，别人不可以，哪怕所谓的"别人"是她的儿女也不可以，这就是爱的特权吧！母亲爱父亲的特权，永久的特权！

好男人也可以长成墙头草的样子

他并非软弱,为的是怕她生气上火,为的是怕矛盾升级,为的是把幸福留住。顶天立地是真男人,墙头草也可以是真男人。

男人的口头语是那句经典的台词:做人要厚道。听得多了,耳朵都快起茧了,所以当他再次循循善诱地教导妻子,做人要厚道时,她忍不住火起,双手叉腰,咄咄逼人地问他:"每次都是这一句,一点新意都没有。你嫌我不厚道,我们可以离婚啊!"

男人被妻子逼问得说不出话来,面红耳赤地抓耳挠腮,嗫嚅着:"我不是这个意思!"她的眼圈红了:摊上这么一个墙头草老公,真是上辈子修来的福!楼上的邻居都欺负到头顶上了,他居然还在和稀泥。

早晨起来,发现楼上的邻居把一包垃圾丢到他们家的露天阳台上,女人执意要去找楼上那家算账,新账旧账索性一起清算。这种人实在太不讲公德了,已经发生好几起把垃圾丢到露台上的事件。他们家生活倒是挺悠哉,垃圾袋里又是鸡骨又是蟹壳,捎带着还有热带水果的皮核。自己享受了也就算了,还要连累别人遭罪,闻着一股臭气熏天的酸腐味。是可忍,孰不可忍,这一次非连本带利一起讨回来不可。

她走到门口换鞋的时候,男人冷不防从卫生间里冲出,从背后一把抱住她说:"老婆,冷静,关键时刻一定要冷静。冲动是魔鬼,做人要厚道,不就是一袋垃圾吗,至于生这么大的气吗?消消火,待会我去上班顺路扔下去就是了。"她在他怀里挣扎,使劲嚷嚷:"你看看你这点出息,都快成人家的专职垃圾搬运工了。"男人好脾气地说:"顺道而为,也不费什么事。"

听他这没出息的话,女人就气不打一处来,转回头来刚想说几句狠话,却忍不住笑了起来。老公满嘴的牙膏泡沫,像一只花脸猫,她把他推回到卫生间里。

垃圾事件刚刚告一段落,想不到楼上的卫生间开始往下渗水,楼上淋浴,楼下下雨,简直太可气了。她上去敲门,楼上刚把门开了一条缝,女人就开火了。

"你们还讲不讲公德啊?垃圾乱丢,卫生间下雨,欺负我们住在你们楼下啊?"女人大声喊道。楼上的男邻居冷冷的,说出的话来却能把人气死,他说:"谁叫你们家住楼下,有本事搬到楼上去。"说完把门"咣当"一声关上。她气得狠狠地朝门上踢了两脚,想不到那个男邻居把门打开,依旧冷冷地说:"再踢门,我就报警,告你破坏他人财物。"

女人对着门目瞪口呆,为之气结。天底下竟有这么不讲理的人,乱丢垃圾,卫生间下雨竟然都成了自己的错?她气得快疯了,好不容易盼到晚上,男人下班回家,她死缠硬磨,非逼着他上楼给她报一箭之仇,他们也太欺负人了。

男人放下包,把她拖到茶几边,亲手为她冲了一杯大麦茶,柔声说:"老婆消消气。楼上那个不知死活的家伙,居然敢欺负我老婆,不报此仇,誓不为人,你等着我的好消息。"

女人听了,乐得心里开了花儿,男人终于被她激起了冲天的豪气,亲自上阵找楼上算账去了。

男人一走,她一想不对,他一向是墙头草,他的座右铭是做人要厚道,说不定是去讲和去了,做检讨也说不定。

男人前脚进了楼上的邻居家，女人后脚爬上楼听墙根。果然不出所料，男人狠狠地跟人检讨了一回，陪着笑脸跟人说，"我老婆有些孩子气"，"你别跟她一般计较"，诸如此类。左绕右绕，绕了一个大圈圈，最后才奔向主题，说垃圾如果他们家不方便扔，可以放在门口，每天上班的时候，他顺手帮他们带下去。卫生间漏水这个问题，如果他们没时间，他可以找人来修，不过要麻烦他们家里留人。临走的时候还一个劲地跟人家客气："不好意思，打扰你们休息了。"

天啊，这是哪儿跟哪儿啊？本来是他们不对，怎么现在倒像是咱们犯了错？楼上的邻居这样一来还不得寸进尺啊！

女人气得手脚哆嗦，心中暗暗发狠："等你回来，我再收拾你不迟。"

男人回到家里，她刚想发火，谁知他按着腹部说胃疼，她一听，只好把所有的抱怨都咽了回去。

一宿无话，男人睡得很香。早晨起来，女人直奔露台，果然有一包东西，看来老公的谈判白费了力气。她提着那包东西进卧室，对男人说："我早说过，你的那种墙头草的作风不顶事，你就是不信。你看看，人家又开始挑衅了吧？"

男人自言自语地说："不会啊，他们答应得挺好的啊！"她忍不住冷笑："你这种人，就是不到黄河不死心。"

一句话没有说完，男人却惊喜地"啊"了一声，打开塑料袋，这一包东西不是垃圾，竟然是一包热带水果，芬芳扑鼻。里面还有一张纸条，上面写了一段话：朋友送的，一起分享吧！看来楼上也是个倔犟的家伙，想道歉却又不好意思，所以用这种方式。

过了两天，卫生间也不再下雨了，墙头草男人春风得意。男人的糗事当然不止这些，比如她跟婆婆之间闹矛盾，跟同事之间有摩擦，他都会像墙头草一样两边和稀泥。后来才知道,他用心良苦地当墙头草,并不是软弱,为的是怕她生气上火,为的是怕矛盾升级,为的是把幸福留住。原来墙头草也是一种处世的方式,顶天立地是真男人,墙头草也是真男人。

自行车后座的爱情

谁说相爱的人只能同甘,不能共苦?宝马车里的爱情不一定甜,自行车后座的爱情不一定苦。

那一段时间,他的心情沮丧到了极点,苦心经营了十年的装修材料公司,一夜之间,被几个骗子骗得分文全无。其实骗子的伎俩并不十分高明,忽悠他说,他们公司揽了一个大项目,只是公司太小,信誉不够,需要注入注册资金,合同签下来之后,将以高于原数百分之二十的回报返还本金。

他动了心,经过多方面考查验证之后,觉得可信,遂把钱打入了对方的账户。可是前后不到两分钟的时间,他注入对方账户的资金不翼而飞,对方从网上银行把钱划走了;再去对方的公司,早已是人去楼空,一片狼藉。动作之迅速,超出了他的想象。

一时间,他万念俱灰,那可是五百万啊!全是血汗钱,是一分一分积攒下来的。更重要的是,如果她知道了,能受得了吗?会不会也像自己一样,受到重创?会不会瞧不起自己贪小失大?会不会跟自己离婚?他左思右想,拿不定主意是否告诉她。

尽管他看上去还和原来一样早出晚归,但心思根本没有放在做事上,小公司很快就入不敷出,维持不下去了。公司不赚钱还得拿钱往上贴补,她还一如继往地过着从前的日子:去美容院,去健身房,去逛街买衣服,花钱如流水。

有好几次,他都想跟她说:"省着点花吧!再这样下去只怕真的要跳楼了!"可是话到嘴边又生生地咽回去了。女人娶回家里是要疼的,从前她也是这般过日子,自己并没有觉得有什么不妥,自己挣钱不就是要给她花的吗?可是现在,她逛一次街,他就心跳一次,担心她还像从前那样,把卡刷爆。

实在撑不下去了,他先是背着她偷偷地卖了车,然后把闲置的一处房产也卖了,用于公司的日常开销和人工用度,剩下的留着做家用。

一切都是心情使然,她还是原来的她,可他却怎么看她都不顺眼。

那天,她忽然心血来潮,提议去电影院看电影:"听说《2012》这部片子很惊险,很刺激。"他无动于衷地说:"不去。你想想,自己上网看吧!"她呶着嘴,有几分娇嗔:"在家里看哪有在电影院里看效果好啊?"他从旧报纸上转过脸,有几分诧异:"我记得你一看电影就睡觉,现在看大片可是价格不菲啊,别跑电影院里去遭罪了!"她咯咯地笑:"我就是想重温一下在你肩膀上睡觉的感觉。"他不耐烦地说:"那时你是我的女朋友,现在你是我老婆,感觉能一样吗?去去去,该干嘛干嘛,别在这儿烦我!"她赌气上床睡去,一宿背对背,谁也没有理谁。

隔了几天,她又提议去听音乐会:"那个著名的钢琴家全世界巡回演出,刚刚来到本市,机会难得。"他不听则已,一听就来了气,阴阳怪气地说:"那么高雅的东西,我听不懂,我就是一个倒腾建材的小商人,骨子里就带着低俗和铜臭的。不像你,浪漫唯美,吃西餐,品红酒,听音乐,看电影,追求品味,你自己去欣赏吧!"这么刻薄的话,只怕谁听了都得恼怒起来,可是她没有,依旧笑着说:"听说音乐可以疗伤,不知道是不是真的,我们去试试。"他不耐烦地说:"音乐能够疗伤还要医院干嘛?拜托你以后说话要用脑子。"她顿时张口结舌,骂了句:"你这人可真不讲理。"转身拿起喷壶给阳台上的绿萝浇水去了。

长假的时候,她又提议:"去郊区小镇洗温泉吧?听说那里的水可好了。"他皱着眉头说:"我很累,不想去。"她抱住他的手臂说:"去吧去吧,听说洗温泉最解乏了。"他失去理智对她吼:"说到底,温泉也是水,跑那么远干嘛?家里有冲浪浴缸,你将就洗洗吧!"

她不依不饶,摇他的手臂,他狠狠地一甩手,她站立不稳,被甩倒了,肚子磕到玻璃茶几的圆角上,瞬间,白色的睡裙上开出一大朵红艳艳的花。他怔住:"宝贝,你怎么了?别吓我。"她愣了下,说:"我怀孕了。"他抱起她,发疯般往楼下冲,往医院跑,她在他的怀里挣扎:"打车啊!傻瓜!"

他停下脚步,不眨眼地看着她:"你知道我的车卖了?"她点点头,泪从眼角淌下来:"知道,我什么都知道。我想带你去看电影,听音乐,洗温泉,真的不是为了我自己享受,我只是想让你放松一下,我怕你撑不了太久。"

那一刻,他的心像花瓣一样柔软,眼睛有些潮。他说:"没事,我是男人,能撑得住的。"她的手臂绕到他的脖子上说:"等我好了,你用自行车带我去看电影,听音乐会,洗温泉,像我们刚认识时那样,那时候可真年轻啊!坐在自行车后座上,抱着你的腰,我觉得像飞一样,飞到春天,飞到花开的地方,飞到有阳光的地方。"

他拼命地点头:"你会好起来的,你一定会好起来的!你和孩子都会没事的。"一滴泪,落到她的面颊上。

第五辑
十字路口

人生道路上布满了十字路口,充满了怅惘和选择。我们每一个人,从一生下来就开始不停地选择,大大小小,每一次选择都在考验心智,考验承受能力。在确保每一次选择都正确的情况下,才能达到一种完满的结果。婚姻也是一样,我们选择了和那个人牵手,然后又不停地面临着一些考验和诱惑,比如你喜欢的人,喜欢你的人,仿佛开玩笑似地在不恰当的时间里出现。有的人抵挡住了诱惑,最终爱情修成了正果;有的人抵挡不住诱惑,最终一段美好的感情流产了。

在爱情的十字路口上,你选择向左?向右?还是,一直向前……

解语花PK玫瑰花

男人都喜欢玫瑰,但迟早会懂得,只有家里那朵解语花,才知心知意,不离不弃。

那年,她二十五岁,在他的眼睛里,她是一朵温柔可人的解语花。

那时候,日子清苦,物质上总是捉襟见肘。两个人在小城里摆了一个水果摊,赚钱不多,仅够温饱,风险却不小。有一次,赶上小城的梅雨时节,连续下了很多天的雨,那些热带水果和进口水果全都腐烂了。看着一堆烂乎乎的浆水,闻着刺鼻难闻的腐烂气息,他整日唉声叹气。

她给他做家常的手擀面。那段时间天天吃面条,偶尔吃上一盘炒青菜都觉得奢侈,因为钱全赔光了。可她却没有埋怨他一句,只说:"你的想法不对,小地方人,对那些昂贵的热带水果不感冒。"

她整天乐呵呵的,骑个单车往乡下跑。他狐疑地问她:"你穷忙什么呢?"她回道:"暂时保密,过段时间你就知道了。"

那年秋天,苹果丰收,她联系了乡下的果农亲戚,把那些苹果卖给城里的厂家,虽然利薄,但是多销,总算把家里的欠款还上了。

整个秋天，每晚她都趴在桌子上算账，只可惜，她对数字天生不敏感，总是算错。算到深更半夜，鼻尖上都冒出了虚汗，也没算出来。他嘲笑她笨，她也笑，说："你才笨呢！"

第二年，他们去了省城，在繁华地段开了一家水果超市，生意出奇地好。

那时候，她已不再跟在他身边跑前跑后，因为有了宝宝，她退回家中，一门心思当主妇。

他的生意越做越大，两人的距离也越来越远。有一次，一个朋友来家里做客，居然把她当成他们家的保姆，对她指手画脚。他脸上挂不住，朋友走后，他对她大吼："你就不能把自己弄得像样点？又不是没钱，穿着多年前的旧衣服好看是怎么的？"她说："孩子小，天天抱着他，好衣服白糟蹋了，我们家的钱是辛苦赚来的，又不是大风刮来的。"他不屑，说："有好日子你也不会过。"

那之后，她不再是他的解语花。朋友聚会，他身边一个好看的女孩陪着，长发，纤腰，气质不俗，眼睛像秋水一样传情。他忍不住拿女孩跟她比较——女孩年轻丰润，她已人到中年；女孩时尚养眼，她土得掉渣；女孩风情万种，她死板得像根木头。比较的结果是，他对她说："我们离婚吧！我不会亏待你，家里的财产一人一半。"

她听了，没有哭也没有闹，只是摇头，倔犟地说不。

她不离婚，他也没办法，只能找更多的借口滞留在外面，和女孩双栖双飞。女孩待他很好，张口"达令"，闭口亲爱的，早晨起床第一件事是吻他的脸颊。他是小地方长大的孩子，哪见过这阵势？觉得自己白活了那么多年，原来爱情这码子事像蜜一样甜。

和女孩有了争执,是因为母亲过生日时,他让女孩替自己去邮局给父母汇一笔钱,结果一连几天,女孩都忘记了。他生气了,说:"你口声声说爱我,可是我的事情你总不放在心上。"女孩说:"我又不是你的管家,你的那些琐事让下属去做就可以了。"

他听了有些心凉,夜里睡不着,坐在椅子上发呆,忽然很想给那个名义上还是妻的女人打电话。

握着话筒,他有些艰难地说:"前几天,妈过生日,你有寄钱吗?"她沉默了一会儿说:"深更半夜打电话回来,就为问这个?"他"嗯"了一声。她明显有些失望和不快,说:"寄了。你妈八月二十五过生日,这么些年,每次我都会提前一周寄去。"他感激地说:"难为你记得这么清楚。"她激动起来:"这算什么,我记得清楚的事还有很多,你父亲是正月初六生日,你是七月十六生日;你穿42码的鞋子、40号的衬衫、腰围2尺9寸的裤子。每月初给你父母寄生活费,生日时除了现金还有礼物。每月底交水费、电费、煤气费,每月中交物业费……有用吗?"说到后来,她的声音有些哽咽。

他拿着电话,说不出话来,想起她以前对数字束手无策的样子,心中受到了深深的震撼。难为她把这些繁琐复杂的数字,那么清晰地印在心里,只有心中有爱的人才会如此。

半响,他的声音里有了湿气,低声下气地问:"还能再给我做碗手擀面吗?我现在就想回家吃。"

爱情夹杂的故事与事故

与人合演一场苦情戏，只为不让你深深陷入无果的结局。

他是一个英俊的男人，清爽，干净，没有长指甲，不大爱说话，笑起来有些像韩国男星池珍熙，眼睛弯弯的，眉毛扬起。

只是，她对英俊的男人并不感冒，总觉得太过英俊的男人，大多是绣花枕头，身边莺莺燕燕缠绕，"湿鞋"的机会多，花心的机会多，除此之外，好像真本事并不多。

这样的人做她的上司，她自然是不服气的，工作中常常给他出些难题。每次送过去的报表，偶尔有些小纰漏，如果他没有看出来，她的嘴角就会牵出一抹不屑的笑。

他的人缘好，公司里，上至人人惧怕、仰望的女老总，下至做清洁的大姐，看到他都会含笑打招呼，他怎么会把全部的心思都用在工作上？招蜂引蝶还忙不过来呢。

第一次和他有了正面的冲突是父亲打电话来，说母亲犯了旧疾，情况很严重。她一下就哭了，好多年，念书，工作，马不停蹄从一个城市奔向另一个城市，所有关于母亲的记忆，早已浓缩成电话里一个轻柔的声音。

昏头昏脑黑着眼圈去上班，被他叫到他的办公室里。他皱着眉，冷着脸，从一摞报表中抽出一张，狠狠摔到桌子上，气呼呼地说："自己的错，最好自己改，别让我替你背黑祸！"

从来没有看到他生那么大的气，她吓得一哆嗦，拿起那张报表，脸上火辣辣的，都不记得是怎么出的办公室。

静下心来细看，并没有发现什么错。她拿着报表气呼呼地去找他，黑着脸说："我检查过了，没有错误。"

他正在抽屉里找什么东西，一堆的东西，被他翻得乱七八糟的。她斜睨了一眼，有几张女人的照片，眼睛细长，神色忧伤，很漂亮。也难怪，这么英俊的男人，抽屉里有几张美女的照片很正常。

他抬起头来，冲她吼，声调一下子提高了八度："没有错，我能让你去检查吗？难道我会故意刁难你？"

她也火起，冷笑道："难说。"

他停下手里的事情，专注地看着她，大约有三十秒的样子，忍不住乐出来，说："我像那么小心眼的人吗？你过来看，你的小数点点错了，把一个数字无端地扩大了几百倍，你也不想想会是什么后果。"

她的脸一下子红了。

有一次，她百无聊赖，一个人在街上逛，在商场里遇到他。他惊喜地把她拉到卖鞋子的柜台前，挑了一双女式的白皮鞋，有镂空的雕花，是她喜欢的式样。他说："你试试吧！"

她有些惊喜地说："不大不小，正合适。"转头没心没肺地问他："你怎么知道我鞋子的尺码？"

他的脸也红了，转头看着别处，说："不是给你买的，是给我太太买的。她腿脚不方便，你的高矮胖瘦和她差不多，所以请你帮忙试试。"

后来她才知道，他早已结婚，太太是一个坐在轮椅上的女人。他给这个女人买衣服，买鞋子，买吃的，买所有的一切。

她开始羡慕这个女人，她不能走路，但她拥有所有女人都羡慕的爱情。她不忍心抢夺她的幸福，可还是情不自禁地爱上了他。

有一次加班至很晚，他送她回家，在楼下，她主动拥进他怀里，主动吻了他。他呼吸急促地拒绝，可是脚却没有力气离开。

她傻傻地问他："我和你一起照顾她吧？"他摇了摇头说："不，她会受不了的，她那么脆弱，怎么会忍受爱被别人瓜分？"她的泪掉了下来。

那晚之后，有风言风语传来，说办公室里的小赵和他眉目传情已久，她也曾亲眼看到他们人前人后出双入对，进餐厅，逛商场。她银牙咬碎，暗啐——装什么深情王子，英俊的男人多半靠不住，幸好自己还没有掉进去，现在转身还来得及。

带着一颗破碎的心，辞职，离乡，最后一面，他只说了一句话："你要好好的。"她不屑地转身离去，从此他乡，再未曾见过他一面。

她去了新的城市，换了新的工作，有了新的同事和朋友，而且结婚了，把自己嫁给了追她多年的大学同学。尽管心中仍有不甘，但那又如何？

去机场接朋友，飞机晚点，坐在那里等，想不到竟然遇到小赵。寒暄之后，还是忍不住问了他的情况，她酸溜溜地说："你们在一起很幸福吧？"小赵狠狠地捶了她一拳说："你这丫头真傻，当年他怕你掉进一场不值得的感情中，和我联手演的苦情戏，公司里谁都知道，只有你蒙在鼓里。"

她当真傻掉，想起最后一次见他，他说："你要好好的。"当初竟然觉得他是敷衍和做秀，如今想来，他的每一句话都是真诚的，他的内心和他的外表一样，俊朗秀美。

站在空旷的机场大厅里，她的眼泪忍不住潸然而下。

不爱也是一种优雅

有时候,拒绝也可以做得很优雅,给对方一个舒服台阶缓缓走下。

她是在同学聚会上遇到他的。

从小学到中学,他们一直是同学。那时候,他那么不起眼,瘦弱细小,一个弱不禁风的少年,像被丢在角落里的草芥,没有人把他当回事。几年没见,他变得成熟、儒雅、博学,是刚刚学成归国的医学博士,在一帮同学中间最出色。

她盯着他,忘记了淑女的风范,一直看得他手脚都没有地方放了。他有些不好意思地问她:"你是不是不认识我了?"

她的嘴角向上牵了牵,轻轻绽开笑容:"怎么会呢?我一直记得你,那时候你是班上最害羞的男生。我有一些私人问题想请教你,一会儿散了我们去喝茶。"

大家起哄说:"现在只有你们俩还是单身,要好好谈谈啊!谈出结果,别忘了请我们大家吃糖喝酒。"

她的脸瞬间红了,笑骂:"瞧瞧你们这些人,一点都不厚道。"她偷偷地看他,他并没有反驳,她的心稍稍安了一点。

散场后,她带他去"半岛听涛"喝茶,轻酌浅谈,很适宜怀旧。多年之后,她早已知道怎样把握一份感情。她问了几个医学方面浅显的问题,他逐一解答。其实司马昭之心路人皆知,她对他产生了好感,刻意给自己制造机会。出于礼貌和风度,喝完茶,他送她回家。

两个人抛却了中间一段空白时间,开始交往。作为答谢,她请他吃饭。没想到，餐桌上，他的吃相令人不敢恭维，像多少年没有吃饭的样子，喝汤很大声，排骨用手拿着啃，吃鱼的时候竟然被刺扎着了喉咙，然后大咳不止，眼泪都流出来了。

她忘了喝已放到唇边的清酒，呆呆地看着他，心中狐疑：就算时光再能改变一个人，也不可能把一个受过高等教育又喝过洋墨水的人改造得这样鄙俗。她在心里安慰自己，男人是干大事业的，不拘小节也许不是什么大错。

他生日的时候，请她去家里吃饭。她很高兴，去他家里等同于一种承认吧！她特地买了名牌时装，化了精致的妆容。她想，他的同事和朋友都是有识之士，她的服饰品味要与他登对，顾及他的面子。

谁知道，她去了才知道他的客人只有她一个，盛装而至的她被他那狗窝一样的家弄得不知所措。房间乱得无处下脚，臭袜子东一只西一只，废报纸丢得到处都是，厨房的洗碗盆里有一大堆没洗的碗盘杯子，桌上的剩饭剩菜已经发出难闻的味道，洗手间里居然有女人用的香水和擦脸油。

她傻了，思维短路。饭没有吃完，她就落荒而逃。

一年后，她和一个追她多年的男人结婚了，居然也很幸福。几个相熟的女友说："其实你老公这样的人才最衬你，踏实稳重。"她想一想，也对。

有一次，夫妻两个人慕名去一家酒店吃西餐。坐在酒店的大堂里，透过落地玻璃窗，她忽然看到他。

他的臂弯里挽着一个女子，往酒店的方向走来。路边一个小女孩眼巴巴地盯着卡在树上的气球，他蹲下身，和女孩说了几句话，然后脱掉外套开始爬树。他笨拙的动作很滑稽，但她却笑不出来。

她的心有透不过气来的感觉，看着他和臂弯里的女子一起进了酒店，在大堂的另外一角坐定。她远远地注视着，只见他右手持刀，左手持叉，先用叉子把牛排按住，然后用刀切成小块，用叉子慢慢送入嘴内，动作娴熟优雅。喝汤的时候，用左手扶着盘沿，右手拿着匙舀，一勺一勺舀着喝，姿势标准，温文尔雅。

她忽然一下子明白了他当初的恶劣形象从何而来。他不爱她，又不忍心生硬地拒绝她，所以千方百计砌出一个个台阶，好让她安安稳稳踩着落地。

她回想当初他各种自毁形象的做派，鼻子一酸，又忍不住发笑。等她挽着老公的手出门时，一脚落在台阶上。她想，就算不爱，有人肯为她砌出这么几级台阶，也是好的 。

我爱你，所以我离开你

因为给不了深爱的人需要的东西，所以一件一件地跟他要他拿不出来的东西，然后把他逼退，留下所有的辛酸和苦难给自己，这就是深爱。

大四那年，他们恋爱了。

每一个周末，都能在图书馆里看到他们读书的身影。两人偶尔抬头，彼此相顾，会心地微笑。每一个清晨，都能看到他们在校园高大的梧桐树下晨读，一前一后，偶尔回眸，心中便会波光粼粼。每一个黄昏，都能看到他们迎着夕阳的余晖，手牵着手，畅谈人生理想和未来,每一句话、每一个眼神都是心底一抹淡淡的喜悦。

大四"黄昏恋"是一段最不被看好的爱情,因为转眼就会被分离稀释,甚至变成泡沫。

可是,他们却把那场"黄昏恋"坚持了下来。她跟着他,去了他的小城。小城有些偏远闭塞,工作很难找,他们租了一间小屋,用以栖身和盛放爱情。

日子比她想象的还要艰苦,每一天的日子,甚至每一餐饭都要计算着过。那些时装、晚宴、香水、情调什么的,稍微奢侈一点的东西,都与他们的生活无涉。他们有的,只是碰壁,折回,再碰壁,生活中仿佛没有一丝光亮可言。有时候他看着她,愧疚便会慢慢滋生出来,也曾像所有男人那样,拍着胸脯,许诺给她幸福和爱,可是没有了物质这样一个载体,也就成了空谈。

他的工作换了一家又一家,总也找不到一个适合自己的位置,眉头皱得像苦瓜上的那些纹路。她安慰他:"是金子,总会发光的,别泄气。"他叹气:"可惜我是一粒砂,而且被埋在地下,不知要多久才会被冲刷出来。你等不及,就把这粒砂丢了吧!"

她哭了,伸手捂住他的嘴:"以后再说这样的话,我真的就不要你了……"

那样的日子整整过了两年。

两年之后,阳光终于照耀到他的头上,生活有了些起色,工作也越来越顺手。美中不足的是,周边的朋友都结了婚,只有他们还在"城外"苦苦相恋。朋友们都劝他:"早点结婚算了,那么漂亮的女孩,一天不结婚,一天就不是你的,傻小子,还等什么啊?"

他动了心思,跑到商场里,买了一瓶兰蔻香水,选了一个特别的日子,把她约到外面的餐厅里,向她求婚。

她听了，绽开美丽的笑容，可是花朵一样盛开的笑容底下竟然沤出泪渍。她说："你不傻啊，还能想起向我求婚！只是别想得太美，一瓶香水就把我打发了。求婚要有诚意，至少要有一枚钻戒吧？"

听了她的话，他的脸一下子红了，但并没有生气，觉得她的要求不过分，只是自己现在拿不出一万块去买一枚钻戒。他挠了挠头说："给我半年时间，可以吗？"

半年之后，当他兴冲冲地捧着"周大福"的钻戒向她求婚时，她居然变了卦，对着他满怀期待的脸，硬着心肠说："只有戒指恐怕不行。小姐妹们说，你至少要送我一辆车，哪怕是一辆大眼睛QQ也行，才能表达你的诚意。"

他为难了，这样一辆车大约需要两万块，不算很贵，可是对于连个窝都没有的人来说，还是有些奢侈；何况他根本没有想过买车的事。他低声下气地跟她商量："结婚以后再买，好不好？"她说："不行，结婚后，你的都是我的，不能表现出你的诚意。"

他只好勉强答应了。他起五更爬半夜，兼了好几份工，用了整整一年的时间，终于给她买了一辆绿色的大眼睛奇瑞。

把车开回来那天，他又向她求婚，她如一株含羞草一样滴下露珠。她哭了，说："我们连个房子都没有，结婚后，住在哪里？我不要求你给我买别墅，但至少也应该买个属于自己的房子吧？"

他的心如同吉他的弦，因为用力过猛，终于被她拨断。什么时候，她变成了一个如此市侩而物质的女孩呢？这一场青春的盛恋，没有因为大四黄昏而告终，却被要命的物质绊了一个大跟头。

他心痛成伤，扔下一句掷地有声的话："我没钱，买不起房子，你找有钱人去吧！"他扭头走了，从此再也没有回来找她。

多年之后，他事业有成，有了香车豪宅，如花美眷，生活美满而幸福。偶尔想起她的时候，觉得他们的爱情已褪掉了丽裳，变得丑陋无比，面目可憎。

有一次和朋友一起去城市会馆，他偶然看到她在会馆里当清洁工。她变老、变丑了，穿着看不出身材的工作服，和当初那个美丽漂亮的初恋女友沾不上一点边儿。他心中暗想，把物质看得高过一切的女人，结局也无非如此！心中有隐隐的痛快，但是为什么会伴随着一丝莫名的心疼和发慌呢？

问别人，别人说："那个女人啊！她真可怜，得了乳腺癌，不但丢了工作，还被男朋友抛弃了，一个人磕磕绊绊地过日子。"

他忽然觉得心绞痛，用手捂住胸口，慢慢顺着墙萎到地上，眼泪哗啦一下就流出来。这个女人可真傻啊！一件一件地跟他要他拿不出来的东西，终于把他逼退，留下所有的辛酸和苦难给自己，天底下还有这么傻的女人吗？

有我在，什么都别怕

无论遭遇到什么困难，在爱情里都要微笑以对。有他在，什么都不用怕。

早晨起床时，她赖在他的臂弯里装睡，慵懒，娇憨，长睫毛一抖一抖的。有蕾丝花边的睡衣，宽宽的袖子愈发衬托得她纤瘦、骨感。他握住她的手臂，轻轻地摇了两下："懒虫，起床！"她翻了一个身，回身抱住他，撒娇地嘟："再懒一分钟，就一分钟。"

他笑。床上，她是一个风情的女人。床下，她是一个可人的妻子。

她微蹙着眉，说："亲爱的，我想跟你商量件事。我有一个月的假期，想趁此机会出去周游世界，你不会不同意吧？"

他想都没想就说："我当然不同意。你一个人出去跑，我不放心！再说，我老婆这么漂亮，被人拐跑了怎么办？"

她说："我答应你，每到一个地方，都会给你寄明信片，让你明确知道我的行踪，让你随时知道我在哪里，好不好？"她摇着他的胳膊说："让我出去散散心，寄情山水，才能写出更好的文字，拍出更美的照片。一个月很快就会过去，而且这也是一个考验我们的机会，看看我们对彼此的感情有没有想象的那么坚固。"

她罗列了一大堆的理由，他没法不同意，最后只好点头。

走的那天，他去送她。她坚持坐火车，说："旅行就是慢慢把时光抛洒在途中，体会其中一点一滴的韵味，而不是出差，直奔目的地。"她的理由就是多，他总是说不过她。她笑，像邻家没长大的小女孩，心无城府地说："我给你买了双新拖鞋，放在鞋柜里；我给你买了套新睡衣，挂在衣橱里；我给你买了常吃的那个牌子的胃药，放在左手边的抽屉里；记得少喝酒，少吸烟，懂得拒绝，拒绝自己不喜欢的事或人，好好保护自己，等我回来。"他也笑了，说："怎么听上去像遗言，你不会不回来了吧？"她收住笑容，板着脸说："你希望我不回来？是不是有新的目标了？跟你说，乖乖地在家里等我，否则，有你好看！"他点头如捣蒜，俯在她的耳边说："我稀罕你还没稀罕够呢！"她绷不住，笑出来。

她走后，原本狭小的房子，忽然变大了。没有了她的欢声笑语，再好吃的饭菜，也味同嚼蜡。他抱着她睡过的枕头发呆，她不过才走了一天，他已经好几次忍不住想给她打电话。想起临走时两个人的约定，看谁先忍不住给对方打电话，他又把电话放下了——不能让她太得意。

好不容易挨了三天，终于无法忍受没有她的消息，他给她打电话，可是她的手机却关机。放下电话，他有些恼火地想："小女人，等你回来，看我怎么收拾你。"

连续给她打了几次电话，她的手机都关机。他有些坐立不安，情绪不稳，想着："小女人可真够心狠的，想让我急死啊！"

这样的日子扳着手指头整整数了七天，终于收到她的一张明信片，静静地躺在信箱里。他欣喜若狂地捧着明信片，如获至宝，反反复复地看，上面有她寥寥数语："亲爱的，我到杭州了，站在断桥上，风拂烟柳，细雨锁春，想起那个凄艳了千年的爱情故事，想起你……"

他又给她打过几次电话，可是每一次都关机。甚至过了他们约定的时间一个月，她也没有回来。他有了不祥的预感，发疯似的给她的亲人和朋友、同学打电话，试图了解到关于她的丝毫信息，可是人家都说："你神经过敏吧！不就是出去玩儿了吗？大活人还能丢了不成。"

和她唯一的联系，变成了隔七天一张的明信片，有时候是在江南，有时候是在塞北，有时候甚至是在一个叫不上名字的小城。明信片上是她娟秀工整的小楷，几句简单的问候。刚开始，会在末尾缀上"想你"两个字，到后来，干脆连这两个字也省略了。

他的心变凉变冷，一个大活人就这样从自己的生活里消失了，看来是刻意而为。就算不爱了，还可以离婚，用得着这样用心良苦地玩失踪？他的心从焦灼变成了怨愤，看着她的照片，居然觉得有些失真，甚至怀疑自己是不是真的和这个有着婴孩般纯真笑容的小女人在一起生活过一年又八个月。她像一个梦一样，依稀渐远。

收到她第十九张明信片之后，就再也没有收到过有关她的只言片语。他得了一种怪病，老是觉得心口有东西堵得难受，三天两头去医院，又检查不出什么毛病。全市的十多家叫得上名字的医院，他都去过。

那天，他去了市中心医院，在走廊里，听人感叹："这个女人真可怜，身边没有一个亲人，听说她家在外地。"他无意识地瞟了一眼，一下子呆住了，居然是她。她形容枯槁，头发稀疏。

原来她并没有去周游世界，那些明信片是她一张一张写好，让山南海北的大学同学一张张寄回给他的。她只是不想拖累他，让他慢慢淡忘她，甚至习惯没有她的日子。

他说："你可真傻，一个人慢慢在这里等死吗？明天我就带你去北京，去最好的医院，看最好的医生，哪怕倾家荡产……"

她依偎在他的胸前哭了。他说："不哭，有我在，什么都别怕。"她止不住抽噎地说："就哭一分钟，就一分钟。以后我就笑对所有的事情，再也不哭了。"

为爱留一条回家的路

那个爱你而迁就你的坏习惯、肯让你保住颜面、肯委屈自己为你留一条回家的路的女人,有什么理由不珍惜?

和梅远结婚以后,他有了自己的家。他不用再在朋友的饭桌上有一顿没一顿地蹭饭,尽管有说有笑,却是不饥不饱。他也不用再在哥们那儿借宿,尽管也是倒头睡到天亮,却是不香不甜。

梅远是政府里的一个小公务员,闲职的那种,有大把的时间,把家里收拾得井井有条。他的衬衫、袜子、领带,永远都是平平整整,放在固定的位置,触手可及。

他是四川人,每顿饭无辣不欢,辣到尽兴才会觉得痛快。梅远给他做菜时,几乎每一道菜里都会放些红红的尖辣椒,连煲汤也不例外。有时候他嫌不够辣,会自己再放一些辣椒,梅远笑着夺下辣椒,说吃多了上火。

有人爱的日子就是不一样,幸福,温暖。雨天,会有一个娇小的身影拿着伞等在车站,雪天她会准备好热气腾腾的麻辣火锅等他回家。

日子一晃就过了三年,两个人在一起说不上很爱,也说不上不爱,更多的时候像是一种习惯,习惯了两个人在一起吃饭,在一起睡觉,在一起散漫地说话,激情不再。都说熟悉的地方没有风景,可能真的是这样吧。

平平仄仄的日子如水一样蔓延,婚姻生活渐渐失去了最初的欣喜和新鲜,他常常对着自己茫然无措。

有一次，他去哈尔滨出差，意外碰到一个女孩，很年轻。她是对方单位派来配合他工作的。她很爱笑，无所顾忌，留着短短的头发，象牙白的肌肤，有些像混血儿，尖而精致的下巴，像一个卡通娃娃。他一见便喜欢上了。

结束了为期一个月的工作之后，他与她非常不幸地擦出了爱情的火花。回家之前，他洗了两次澡，想努力洗掉另外一个女人的影子。

归来之后，梅远默默地为他收拾行李，默默地为他准备放了很多辣椒的晚餐。她的晚餐准备了很久，他去厨房里帮忙，看见她悄悄地擦拭眼睛，于是心虚地问她怎么了。她说是辣椒辣眼睛了，回头看他，依旧笑靥如花。

夜晚，躺在梅远的身边，他第一次睡不着。在黑暗中空洞地看着梅远，他怀疑自己和她之间是否真的有过爱情。当初她的父亲患病住院，因无钱付医药费，她哭得梨花带雨，他动了恻隐之心，借了很多钱给她。后来她父亲去世之后，她终因无钱还，而以身相许。很多时候，她更像他的姐姐，包容他，接纳他，从不跟他吵架，尽管她比他小很多。

他和哈尔滨女孩的情感像烈火蔓延，一日不见如隔三秋。他常常躲在阳台上，用手机卿卿我我。梅远看见，没心没肺地笑，尽管笑容有些酸涩。他不肯定她是不是觉察到他的出轨。

梅远很快消瘦下来，越来越瘦，并且伴有呕吐、不爱吃饭等症状。他带她去医院检查，医生说她患了肝炎，安排她住院治疗。回家给她拿东西，他才发现她没有什么衣服，结婚时买的几件衣服已经旧了，褪了颜色。找东西的时候，他发现抽屉里安静地躺着一块蓝田玉的鸡心坠，散发着淡淡的香水味。那是他和哈尔滨女孩约会时，她送他的定情物，他随手装在衬衫的口袋里。

原来梅远什么都知道,她之所以没有揭穿他,只是想给他留一条回家的路。

他茫然地站在厨房里,想给梅远做点吃的,可是他忽然忘记了梅远喜欢吃什么。不,他从来就不知道梅远喜欢吃什么。结婚以后,梅远一直迁就他,陪他吃辣椒,可她是杭州人,喜欢清淡甜爽的口味,怎么会喜欢麻辣味重的食物?他实在不知道给她做什么吃的好,只好做了葱花炒鸡蛋。三年了,他第一次想到她的口味,第一次亲手为她做饭,如果不是她生病,只怕他永远没有机会,永远不知道她喜欢吃什么,也永远不知道她在他心中的位置如此之重要。

他把亲手做的饭和菜送到医院。梅远哭了,她说:"我们离婚吧!肝炎很难治,而且会传染。离婚之后,你把那个女孩接回来,但是要好好对人家,记得回家的路,别再走错门,上错床。"他的眼泪掉下来,说:"梅,你会没事的,你会好起来,吉人天相。"梅远的眼泪掉在他的手背上。

梅远住在医院的日子里,家里乱了套,脏衣服一大堆,洗衣机他不会用,饭常常做得夹生,菜常常炒糊。他索性不吃,反正也没什么胃口。最让他无法忍受的,是身边没有了梅远,他觉得孤单和害怕。他在狗窝一样的床上胡乱睡上一觉,然后去医院,还有什么比照顾妻子更重要的事?

他长大了,尽管三十几岁了。他的长大不是身体,而是心灵。他终于知道了什么是爱,那个爱你爱到迁就你的坏习惯,爱你爱到肯为你做一切、肯让你保住颜面、肯委屈自己,为你留一条回家的路的女人,注定是你红尘中的缘。总有一场烟火爱情让人感动。

爱他，就接纳他所爱的一切

我爱他，而他爱你，所以我要救你。我不愿意因为你的意外，而让他痛苦一生。

那天，一直下着雨，山路崎岖，泥浆混合着雨水冲刷着道路。他开了雨刷，睁大眼睛，拼命地盯着前方，不敢有一丝的懈怠。

坐在副驾驶位置上的女孩儿，有着一张艳丽的红唇。女孩儿似乎还沉浸在自己的情绪之中，自顾自地说着火辣辣的情话："你什么时候娶我啊？你还要人家等多久嘛，你说话啊！人家晚上睡不着觉，脑子里都是你的影子……"

他的心颤栗了一下，这样火辣辣的情话和娇媚的语调，别说他一个大男人，就连车上的汽油桶也会被引爆。他腾出一只手，把女孩儿的小手轻轻握住，柔声安慰道："宝贝儿，别急，给我一点儿时间……"

话还没有说完，一辆大卡车迎面开来，他措手不及，赶紧打方向盘，手忙脚乱中，他的车"轰"一下撞上了旁边的峭壁。

他挣扎着摸到放在车门上的手机，下意识地拨了一个电话号码，断断续续地说："我出车祸了，在……通往新开的旅游景区的山路上……"

这个电话无异于八级地震，把正在上班的她一下震晕了。有几秒钟，她的大脑一片空白，然后，她飞奔着跑下楼。

赶到出事地点她才发现，他这个傻子只给她打了电话，并没报警。又因为这条路刚开辟出来不久，所以并没有人发现他们出了车祸。

来不及多想,她打了110报警,又打了120急救电话,最后打了保险公司的事故处理电话。一一处理妥当,她才有工夫仔细看:车体严重走形,他伏在方向盘上,已经昏迷,有血从头发里渗出来;他旁边的女孩面容惨白,双目紧闭,眼睫毛长长的,微微卷曲,五官精致而美丽。

这是她第一次看到女孩儿,尽管早在半年前她就知道有这样一个人夹在他们中间,但亲眼见到,心中还是生出复杂的感觉。

那一天,是她结婚几年来过得最黑暗的一天,理智与情感左冲右突,纠缠不休。从感情上讲,她恨那个女孩儿,是她把他们好端端的感情弄得半死不活,但从理智上讲,自己必须救她,否则会一辈子良心不安。

看着他们俩都进了急救室,她给女孩的父母打电话,联络方式是从她的手机里找到的。她把女孩儿交给了她的父母,然后独自守着他。

等在急救室门外的时候,她把他们从相识到结婚这几年来的感情像放电影一样,在脑中一一回放,除了那个女孩儿是他们华丽感情绸缎上的一只跳蚤外,所有回忆都像宣纸上的浓墨重彩,馨香而绚丽。

十来个小时过去,医生从急救室出来宣布他性命无忧,过几天就会醒来。她悲凉中透着欣喜,守在病榻前紧紧盯着他看,心中柔肠百结。

三天过去了,他醒了过来,却像换了一个人,不说,也不笑,不认识似的看着她。叫他吃就吃,不叫他吃,他就傻傻地坐着。

她慌了,跑去问医生,最后医生得出结论:由于惊吓,他患了失忆症。

为了帮他找回记忆,她带他去了恋爱时约会的一座桥。那时候,他们还年轻,在这座桥上,他说过"永不负你"。她问他:"你还记得那时你说过的话吗?'永不负你',这四个字一直嵌在我的记忆里,每次心情不好时,想到你说的这四个字,我就会觉得很温暖,就会觉得生活还有动力。"他傻乎乎地对着她笑。

她带他去他们结婚时租的一间平房,那房子矮小破旧,四面透风,冬天冷,夏天热。站在那个已要拆迁的地方,她含着热泪问他:"还记得吗?在这里,你说过,要给我一处大房子,冬天有暖气热水,晚上去卫生间再也不用哆嗦着跑去街边的黑暗公厕。"他看她的表情依旧傻傻的。

她带他去看那个女孩儿。女孩儿的伤已经好了大半,看见她,以为是来兴师问罪的,见她并不做声,便说:"能问你一个问题吗?"她点点头。女孩儿看看一旁的他,正傻乎乎地忙着折手里的纸飞机。女孩迟疑着问:"你为什么要救我?不恨我吗?出事的地方人烟稀少,你不救我,从此不就少了一个对手?"她淡淡地笑了,轻轻吐出一个字:"恨。"是啊,怎么会不恨?她也是女人。

她缓缓地又说:"可是,因为他爱你,而我爱他,因为爱,所以要救你。我不愿意因为你的意外,而让他痛苦一生。"

他再也假装不下去了,扔掉了手里的纸飞机。他激动地走过来,牵起她的手说:"我什么都想起来了,我们,回家吧!"

女孩儿呆呆地目送着他们远离,心中,把"爱"这个字重新品味了好几个来回。

弱水三千，一瓢足矣

男人多的是，有地位的，有钱的，有品位的，有修养的，敦厚的，朴实的……弱水三千，其实只需要一瓢饮。

他只是一个普普通通的交警，站在街上指挥着千军万马，看似很神气，其实不过是淹没在人海车流中微小的草芥。每天风里雨里，钱没有挣到多少，却晒得脸色黑红，整天傻呵呵地乐，乐得她心烦。

她看不惯他这种安贫乐道的心态，简直就是阿Q的正宗传人。忍不住拿话在他耳边挑衅："前几天在街上看到以前那个老同学，就是那个一跑步就掉鞋子的何九啊，想不到他在海边买了两百平米的新房子。"他正在挥舞的锅铲，专心炒她爱吃的香椿炒蛋，回头笑道："房有千间，夜宿不过三尺。"她听了，恨得有些牙痒痒，说昨天中午吃饭时，同事小赵说她老公又买了新车，人家真是进步神速啊。他并不恼，把香椿炒蛋端到她面前，说："我的单车不好吗？既环保又健身。"她恼了，推他，说："去去去，别气我。"

他好脾气地退到厨房洗碗，然后去上班。晚上，他打电话回来，说不能回了，一个同事病了，他要替同事加个班。她的口气温软，说："别加班了，回来吧，我有些不舒服。"他说："乖，在家里等我，早晨我就回去了。"

挂了电话，她把茶杯、枕头统统摔到地上，还是觉得不能解气。这个男人，口口声声地说对自己好，可是实际行动呢？挣不来钱，让自己窝在小房子里。生病了，他竟然还要替别人加班，他对自己的好体现在哪儿？她越想越觉得委屈，眼泪忍不住在眼眶里打转。

那个傍晚，她对他们之间的爱情产生了质疑，心里想着，等他天亮回来，就跟他说离婚，说拜拜。

那个钻石男人又一次约她吃饭的时候，她忍不住去了。男人说："你是我见过的最好的女人，温婉，娴雅。这样的女子，应该在傍晚的斜晖里，喝绿茶，看张爱玲的书，而不是窝在一个小房子里搬煤球。他怎么肯这样委屈你呢？"

她听了，半天没有说话，觉得他是懂得自己的。他的懂得让她有了流泪的冲动，任他握住她尚且柔软的手。

他送她回家的时候，路过那个街口，他的车被交警拦了下来。她认出来那个交警是老公，忐忑不安地转过头，怕他给自己难堪。好在，他只是开了罚单，并没有多说一句话。车开出去很远，她从后视镜里看到他仍然站在原地发呆。

渐渐地，她回家越来越晚，找各种各样的借口搪塞他。他并没有怨言，对她依旧关切如旧，照顾儿子，料理家务。她却越来越瞧不起他，觉得他很虚伪，觉得他很窝囊。他明明知道她的心在游离。

后来，她的母亲得了一种怪病，花了很多钱也治不好。作为女儿，她责无旁贷，公司、医院两头跑，人渐渐憔悴起来。让她难受的不是受累，而是没钱，她拿不出更多的钱为母亲看病。她想起了那个钻石男人，心中有一丝温暖掠过。他说过，他会永远站在自己身边。她打给他电话，他说暂时周转不开，不过钱一到手，马上拿给她，别说什么借不借的。她感动得掉下了眼泪。后来再打，他竟然换了手机号码。她明白他是故意躲开自己，虽然她知道他的公司在哪里，只是找得到又如何？那一刻她知道了什么是心凉如水。

那天晚上，她从医院回来，觉得身后似乎有人跟踪，她以为是打劫的,心跳到嗓子眼。加快脚步,到了家门口的那条长长的巷子口,她没有匆忙回家,侧身躲到墙角。那个人真的跟了过来,借着昏暗的灯光,她看清那个人竟然是老公。

他也不进家门,在家门口转悠,吸烟。他吸到第六支烟的时候,她忍不住从暗影里走出来。他看到她,吓了一跳,说:"你怎么在这儿?"她冷笑:"我还想问你呢。跟踪我干吗?是想看我有没有跟别的男人约会吗?"他嘟囔着:"我只是担心你的安全,干吗总往歪处想?"

她听了,站在那儿一动不动,也不再那样尖牙利齿,心渐渐被泪濡湿。是的,这两年,心因红尘世俗的诱惑失去了方向,两只眼睛只能看到物质和欲望以及无边的奢华,却看不到一份真心。

他牵着她的手回家,说:"在这儿住最后一宿吧!明天我们就搬家。这个小院落值不了多少钱,但在困难来临时,我们必须舍弃,不能坐以待毙是吧?"

她说:"还是别卖了。房子虽旧,却是你父母留给你的。再说这点钱也是杯水车薪,解决不了大问题。"他说:"不,我不能看着你在我眼皮子底下凋谢,我要尽我最大的能力,哪怕只是一瓢饮,也让你先喝。"

她的手抖得握不住他的手。男人多的是——有地位的,有钱的,有品位的,有修养的,敦厚的,朴实的……弱水三千,其实只需要一瓢饮,有爱泗于其中,还有何求呢?

给爱情记本流水账

人人都知道什么是爱情,只是随着时间的流逝懒得用心对待了。给爱情记一本流水账,时而翻看,也是幸福。

结婚的时候她问他:"你喜欢我什么?"他想都没想就说:"喜欢和你在一起,每时每刻,每分每秒。看着你在我眼皮底下晃动,什么都不做,什么都不说,也是欢喜的。"她不屑地笑了笑。她以为他会说什么海枯石烂、生死不离之类的誓言,可惜他很笨,连情话都那么平淡。谁不知道,结婚就是为了在一起?

他是一个火车司机,常常一走就是一周不着家,职业决定了他们不能日日相对,朝朝厮守。刚开始,相爱至深的时候,思念像一种毒,愈分离愈加刻骨铭心,他们刚分离就盼着相聚的日子。那每每是两个人的节日,她去早市挑挑拣拣,选一些败火的青菜、有营养的猪骨,熬他喜欢的汤,看他狼吞虎咽的吃相,听他讲外地的新闻,觉得那是一种幸福。

可时间久了,她渐渐不能忍受那种无休止的等待,她觉得寂寞,自己正在变得干枯——即便分离能使爱情甜蜜,也不能像喝红糖水那样,一杯接一杯啊。

每次看到对门的新邻居,夫妻俩上班一起走,下班一起回。即使坐公交车,男人也会用臂膀为女人圈出一个小天地。她被这种柔情的细节击中,只有落荒而逃。渐渐地,她不爱做饭了,谁有兴致为自己煎炒烹炸地弄一份大餐呢?

晚上躺在床上,怎么也睡不着,她拿起手机给他发短信:"老公，你请假回来吧，我想你！"他回短信："傻丫，不上班会被开除的！没有了工作我们喝西北风啊？"她又给他发短信："那你辞职吧！干点别的一样能活得很滋润。"他回道："傻丫，辞职了我能干什么？经商我不会，做白领我又不是那块料。我就会开火车。"

她气得把手机摔在床上。这个榆木脑袋，是开火车重要还是老婆重要？那段时间，她干脆不接他的电话，她需要独自冷静地思考，理顺凌乱如麻的思绪——是和他继续这样生活下去，还是改变一下现在的处境。

公司里的一个小男人已公开地向她示好。小男人其实也不小，只比她小两岁，而且单身。单身是一个很重要的砝码，更何况他阳光帅气。她有些抵挡不住小男人的追求，所以她让老公请假，让他辞职。可是他却不为所动。她在猜想：他是真的不知道已经有了风吹草动，还是傻乎乎地盲目自信？

小男人约她一起去丽江旅行，她本不想去。可是老公不在身边，漫长的寂寞如水一样要把她吞噬了；更何况她没有去过丽江，因为老公没时间陪她去。小男人一遍遍地打电话给她，面对浪漫之旅的诱惑，她动摇了——玉龙雪山、藏式木屋、古城的石板路……无须细想，爱情就应该生长在这样的地方。于是，她答应了他。

她拿出旅行箱，收拾了一些衣物，去阳台的柜子里找一只旧手电——她怕黑，走到哪里都带上。手电还是之前住旧楼的时候他买的，后来换了新楼，有了感应灯，手电就不用了。

找了很长时间，没有找到旧手电，却翻到一个漂亮的硬皮本，封皮上写着"流水账"三个字。她有些好奇，随手打开一看，竟然是他的旧日记，上面记载的全是他和她在一起的过往。

"6月6日，傻丫今天做恶梦了，她的手紧紧地搂住我的脖子不放，含混不清地说：'你别走，你别走。'我听了心里很难受。我不在家的夜里，她做恶梦了怎么办？……6月8日，傻丫今天啃猪手，吃相别提多难看，像一个乡下的村妇，可是我喜欢，喜欢她和我在一起的真实自然……"

她又翻下去："3月1日，傻丫小产躺在医院里，可是我却回不去。我的身体在火车上，心却在她那里。我恨不得小产的那个人是我，替她去受罪！我亏欠傻丫太多了，相爱的人谁不愿意天天在一起？如果有来生，我不再做火车司机了，我还要娶傻丫，我要做那个在家等她的人。等待让人心焦，但等待也会生出很多的幸福和美丽。"

她一页一页地翻看着，原来他不是榆木男人，原来他比自己更懂得什么是爱。泪不知什么时候就流了出来。她抹了一把，给小男人打电话："我不去丽江了……不去就是不去了，没有理由。"

幸福是一本流水账，流水一样的日子里，我们总会与幸福不期而遇。

爱情备忘录

有些人天生不善言辞，对你的爱都写在纸片上。好好珍惜那份爱情备忘录，满满的都是幸福。

他是一个沉默寡言、不善言谈的男人，加上他的职业是飞行机械师，职业的压力让他那张并不怎么英俊的脸看上去更加严肃，没有笑容的脸让人觉得是那样的不可亲近。每次飞行前的例行检修工作，他不敢有一丝的懈怠和马虎，毕竟每一次执行任务，都会有好几百人的生命交在他手上，他要对那些生命负责。

每次飞行前，他都会变得紧张不安，神经质的手指发抖，这些是她从未想到过的。她以为他有了外遇，抑或心中多了不为她所知的秘密。她常常盯着他的脸，暗中揣测。

她和他结婚三年，感情没有了初时的浓烈，聚少离多的日子，让她对他们之间的爱，产生了怀疑。

机械师每次离家的时候，都会在一张卡片上写下几个字，然后锁在一个抽屉里。她看着他伏在写字台上的背影，对他的举动充满了好奇和疑惑，可是他不给她看。

她像得了一种病一样，每天打量着那个上了锁的抽屉，茶不思，饭不想。有时候夜里醒来，她对着屋顶发呆，恨不能拿把刀把那张桌子劈开。当然心中也多了几分不满，她觉得他对她上了锁的不仅是一个抽屉，还有他的心。

有一次机械师因为执行临时任务，比原计划迟了两天没有回来。说不担心他的安危当然是假的，除了爱情，还有一份血浓于水的亲情。两天里她紧张得吃不下、睡不着，在屋子里来来回回地走，像一朵迅速憔悴了的花，瞬间失去水分。她心中一肚子的怨气，他这样的人是把生命拎在手里过日子的，遇到坏天气，她就望着灰茫茫的天空发呆，不知道他是不是安然无恙返回地面。她过够了这种担惊受怕的日子，怕失去怕到发抖，心中发狠，等他回家就和他离婚。

无意间走到他常常写字的桌子前，她忽然想起那个抽屉。她长长地叹了一口气，找到工具，终于可以名正言顺地撬开那个抽屉。费了很大的劲儿打开，结果发现抽屉里面只有厚厚一摞的卡片，数了一下，差不多有一百多张。

这些是结婚三年里，他每一次执行飞行任务时留下的：有的卡片上记着存折的密码，有的记着保险单的号码，有的仅仅是某次吵架后一句道歉的话，事无巨细。她想起自己对他的怀疑和种种的猜忌，忽然觉得心那么疼。那些卡片上的字，瞬间刺伤了她的眼睛，有泪慢慢流下来。

是琐碎的生活磨钝了我们的心，还是对情感的感知变得麻木而多疑？爱情的保鲜期变得越来越短，甚至有的时尚男女相识一周便结婚，结婚一周便离婚，进出围城就像前脚去买了只热狗，觉得不合口味，后脚又去换了汉堡。

有时候，想法太多，要求太多，让我们的心灵没有归依感，让我们的眼睛蒙上了尘埃，对原本最真实的东西，看出了最模糊的效果。其实，爱很简单，那是庸常岁月中，一句话，一个眼神，甚至只是一碗粥。

那些卡片上的字，说白了其实是一份爱情遗嘱。这样说有些残酷，她还是愿意叫它爱情备忘录。它更像是一笔人生的财富，更像一张爱情的存折。谁能说他只会拉长了脸，不懂得浪漫？这样的浪漫花多少钱都买不到。谁能说她不富有？当全世界都不存在了，至少她还拥有他，拥有他的爱。

她慢慢松开手，纸片散了一地。

从此，她把那些卡片当成宝贝。那些卡片不过是普普通通的硬板，四四方方，巴掌大小，正面是日历，背面是一片空白，可以写字,边角都磨得起毛。

她的病,因为那些纸片,不治而愈。

烟火夫妻才最美

那个肯为你忍受烟熏火燎的人,一定是最爱你的人。没有经过柴米油盐的洗礼,再好的爱情也不过是空中楼阁。

结婚之后,她变成了一个恋家和热爱厨房的女人。下班回家了,门开了,她站在门里,头发随意地用一根橡皮筋扎在脑后,穿着一件宽大的T恤,下身穿了一条花短裤,胸前围着脏兮兮的围裙,右手提着炒菜用的铲子,左手在围裙上来来回回地蹭。看着他,笑得没有分寸,露出嘴里两颗小龅牙,说:"我是你美丽的小厨娘。"

从前他是那么喜欢看她笑,那两颗小龅牙,虽然不那么精致,可是他喜欢。现在看到她笑,竟然忍不住说:"哪天找个好一点的牙医,把那两颗龅牙修一下。"她听了,笑容一下子凝固在嘴角。

夜里,闻着她身上的葱花味,他竟然有睡在厨房里的错觉。

从前的心头好,如今居然变成一块鸡肋,女人善变,男人也不例外。他开始喜欢在办公室里耽搁,下了班也不肯回家,因为公司里来了一个年轻漂亮的女孩,是公司新招的德语翻译,大方、能干、敬业,眸子里闪着职业女性那种特有的自信,给死气沉沉的办公室里注入了新的活力。

女孩和他握手的时候，嫣然一笑，落落大方地说："请多关照！"他的心扑通跳了两下，那种久违的感觉令他心慌意乱。

像三流电视剧的情节，他和女孩有了下文，相恋，同居。他迫不及待地向妻子提出离婚。妻子虽然不同意，却阻止不了他出轨的脚步。

和女孩同居的日子，像万花筒里爆出的烟花，绚烂而美丽。美中不足的是女孩不喜欢下厨，也从来没有下厨亲手为他做过什么。她的身上没有葱花味，只有好闻的甜香型香水味。好在他并不在意她是否下厨，男人和女人在一起，并不是为了吃东西，而是因为相爱。

女孩喜欢他骑摩托车载她兜风，他喜欢女孩坐在他身后尖叫，刺激而新鲜。

有一次去郊外，一处悬崖上开满了金黄色的野菊花，她怂恿他爬上去采花。为了博得心爱的女孩一笑，他真的爬了上去，结果摔下来，右膝骨折。拍片子，做X光透视，不停地换药，在医院里折腾了好长一段时间，他终于吃厌了医院里的饭菜，忽然想起从前妻子做的可乐鸡翅，但他不敢对女孩说，只说想吃女孩亲自下厨烧的菜，怕女孩不答应，加重了语气，没想到女孩答应得非常痛快。他开心地在女孩的脸蛋上捏了一下。

女孩回家做饭的时候，他趴在窗台上看外面的小鸟打架，目光渐渐落在街边行人的身上。一个女孩窈窕轻盈，穿着长靴，酒红的长发在风中张扬地飞。真的是她，他看着她走进了街边的一家饭店里，他盯着那家饭店进进出出的客人发呆，很久。

女孩回来，他笑着问她："你给我做了什么好吃的？"女孩笑了，说："是可乐鸡翅，你尝尝。"他拿了一块放在嘴边，问她："是你亲自下厨做的吗？"女孩点头说是，笑问好吃吗，他说好吃好吃，脸上笑着，心里却在流泪，因为她在骗他。

在斜阳下，他想了很多。想起从前，每次下班回家，妻子必定是在厨房里迎接他回家，做很多很多好吃的给他，他曾无比厌烦地吼："我找的是妻子，不是厨娘，你为什么就那么贪恋厨房呢？"

想起从前的种种往事，他终于忍不住打电话给她："我想回家，你能来接我吗？"她犹豫了半天，在他快要放弃的时候，她答应了。

他高兴起来，竟然哼起了歌，想着那么久没见的她，会变成什么样子呢？会不会更邋遢了？

她来的时候，整个房间都亮了起来。她穿着精致的衣裙、高跟鞋，身上隐隐地散出甜甜的香水味，一如他初次见到她的样子，优雅、睿智，而不是他熟悉的炒菜炝锅的葱花味。

她接他回家，家里没有一丝烟火的气息，厨房的灶具上落了一层薄薄的灰尘，他伸手摸了一下，问她："你可以再为我做一次可乐鸡翅吗？"她答应了，换掉高跟鞋，熟练地穿上围裙，起火，炝锅，二十分钟之后端出一盘色香味俱佳的可乐鸡翅。

他终于明白，没有人天生愿意做饭，哪怕为自己。他离开的日子里，她必定没有为自己烧过一餐饭，只有为所爱的人，才会心甘情愿地忍受烟熏火燎。相爱的人在一起，过的是烟火生活，而他却一直停留在风花雪月的表层，连他喜欢的那个女孩，其实亦不过是她从前的翻版。可是那个女孩却不愿意为他下厨，怕下厨弄坏了十个手指上精致的蔻丹，怕被烟火熏成了黄脸婆。

活了小半辈子，他终于明白了一个道理，那个肯为你下厨的人，那个肯为你忍受烟熏火燎的人，一定是最爱你的人，比如小时候的父母，长大后的妻子。没有经过柴米油盐的洗礼，再好的爱情也不过是空中楼阁。

别让风迷了爱情的眼

感情世界里有太多的诱惑，稍不留意，就会被风迷了眼。

三十岁那年，她去苏州出差，在机场候机的时候，邂逅了一个风一样的男子。那是一个笑容里有一点点坏、眼神里有一点点不羁、肢体语言有一点点痞的男人，让人想起张爱玲笔下的范柳原。

总之，他和她平常遇到的男人都不一样。比如丈夫，温暖朴实；比如父亲，慈祥仁爱；比如上司，淳厚安静。也正是因为这一点点的不一样，让她备感欣喜，仿佛看到生活里的一抹亮色。她爱上了他，不顾一切地爱上了他。

三十岁的女人，被爱情点燃了，后果可想而知，八头驴都拉不回来。

第一次跟丈夫提出离婚的时候，男人有些摸不着头脑，以为她是在开玩笑，笑嘻嘻地问："我又做错什么了？又拿离婚来威胁我。"她瞪他一眼："谁威胁你了？我可没有那么无聊。"男人心中一惊，笑容僵在脸上。

男人有些泄气，忍不住问她："为什么？"女人索性狠下心肠，反正一句也是伤他，两句也是伤他，索性伤到底，无所顾忌地说："我爱上了别人。"

男人不再吱声，两个人僵在那里。

后半夜，女人醒来，看见男人仍然在客厅里吸烟，水晶的烟灰缸里满满都是烟屁股，眼睛也红了，头发也乱了。她的心有一个瞬间软了下来，毕竟在一起生活了好几年，爱情死掉了，亲情还在，也不能逼人太甚，得给他一个缓冲的时间。

过了一段相安无事的日子，她没有再提离婚的事，他当然更是绝口不提。下班早早回家，给她熬百合粥，拌苦瓜片，炖黑鱼汤，都是她爱吃的菜。晚上无论她几点回家，他都绝口不问她去干什么了。他谨小慎微地迁就她，生怕她一不小心又旧话重提。

可是她还是忍不住又提离婚的事了，那是和风一样的男子约会之后。她身上是浓浓的香水味，脸上满满都是春色。黯然销魂的吻，春风留情的夜，令她忍不住想长久地留住。

第二次跟男人提出离婚，男人失掉了理性，指着她的鼻子吼道："你可真是个不长良心的女人！你不喜欢吃的东西，我不买；你不喜欢做家务，我做；小心翼翼地活在你的鼻息下，希望你能回心转意，可是你却像个冷血动物一样没有感觉。告诉你，想离婚，门儿都没有！我就是耗也要把你的青春耗尽！你想和别的男人天长地久，做梦去吧！"

她气得牙齿打颤，说不出话来，半天才冷笑着说："你终于露出了真面目。你自私，冷血，不敢面对现实，我怎么早没发现呢？早发现，早离婚了，还能等到现在？"

他砸了手边的一只杯子，她抄起茶几上的茶壶扔到地上。那可是他们恋爱时一起去买的，有小草莓图案的情侣杯。

从此，再无宁日，三天一大吵，两天一小吵，女人迅速消瘦下去，两颊凹进去，眼睛也深深地陷进去，常常站在窗边盯着远方出神。

第三次离婚，是他提出来的。他说："算了，咱俩再耗下去，只怕是两败俱伤，离了算了。只是我有一个条件，你把那男人约出来，让我看看是什么样的男人让你为之倾倒，为之疯狂，为之与我决裂。

我要看看那个男人是否值得你托付终生,如果真的如你说的那样好,我会把你的手亲自放到他的手心里。"

她有些说不出话来,半晌,点点头,声音有些哽咽,说着:"我就知道你是个好人。"

说好第二天一起去办离婚手续,但是当天晚上,看地方新闻的时候,看到一则消息:一个诈骗团伙专门在机场、码头诱骗三十岁到四十岁的女性,以偶然邂逅的浪漫和激情作饵,骗取女人的钱财。

画面闪回,她看到了那个风一样的男子,俊逸洒脱的外形,右耳上一枚亮晶晶的耳钉,不俗的品味,独特的气质。但,此刻,他更像一只霜打的茄子,低头蔫脑,腕上是冷光闪动的手铐。

她仍不死心,给那个风一样的男子打电话,是无声无息的死寂,一遍又一遍,她终于,崩溃。

一宿无眠,进退无路,不但钱被那个风一样的男子骗了去,而且那个男人还进了监狱。退无退路,已经和男人讲好了离婚,刚刚还为此喜形于色,真是现时现报。

除了悔恨,更多的,她觉得无颜再见一直深爱自己的男人。天快亮时,她摸索着把抽屉里的一瓶安定片全部吞下。

只是,她没有死成,是男人救了她,连夜把她送到医院,洗肠洗胃。三生石畔转了一圈,奈何桥上走了一趟,她又回到了人间。

男人请了假,衣不解带地照顾她,熬百合粥、红豆粥、莲子粥,变着花样做给她吃,说是暖胃。她不肯吃,泪流满面地问她:"我是个不识好歹的女人,你干吗还对我这么好?"他也流泪了,说:"我对你好,是因为我们相爱过。我现在给你的,不过是当初你爱我的利息。"

她的脸上还挂着泪珠,却忍不住想笑:"真能瞎掰,爱还有利息?"他肯定地说:"有。你当初对我的好,我都记在心上,现在长了利息,只好加倍还给你。"

有爱的房子就是金房子

最美的风景往往就在身边,可是很多人却到很远的地方去寻找。爱情也是如此。

他们是一对幸福的璧人。

他儒雅体贴,她恬淡安静。两个人常常晚饭后在小区里散步,手牵着手,十指相扣,幸福与满足溢于言表,成为小区里最佳情侣的榜样。

谁家的男人回家晚了,必然会有女人拿他做比较:你的应酬比人家多啊?还是你赚的钱比人家多?这世界就你忙?人家怎么有时间回家陪太太?你就忙得脚打后脑勺?

他听了,摇摇头苦笑,别人怎么会知道,她有心脏病。他担心她一个人在家不安全,担心她有意外的时候身边没有人,担心她随时随地会在没人的地方晕倒。所以,好几年了,他一直坚持着,拿出尽可能多的时间,和她在一起。

然而,她还是提出了离婚。

起先,他不同意,死活都不同意。他说:"没有我这棵树,你会像藤一样枯萎的。"可是她说:"这个家一点生气都没有,每一天都是前一天的翻版,生活呆板得让人窒息,我过够了。我要尽情地绽放生命,像烟花,哪怕只有一天,我无悔。"

他呆住。这些年,她的确活得很压抑。因为心脏病的负累,她不能参加太剧烈的运动,不能参加太时尚的派对,不能参加太疯狂的朋友聚会,甚至饭都不能吃得太饱;太繁重琐碎的家务他也不敢让她插手,怕她那颗娇弱的心随时会罢工。她像一条鱼,活在氧气相对充足的鱼缸里,很安逸,但成了生活的旁观者。

她爱上了一个前卫艺术家,绝决而果断,像飞蛾扑火。那人他也见过,长发飘逸,手指顾长,脸色苍白,神情忧郁。他猜想,那样顾长的手指怎么会为她下厨?那样忧郁的眼神肯定是一个天才诗人,怎么会体味出人间的菜珍和米贵?他只会带她去酒吧喝酒到天亮,带她去那些私人派对上疯狂和尖叫。

全新的生活给了她全新的感受,她以绝食相逼。他只好同意了,放手——谁说过,放手也是一种爱。

最初的日子,自然是鲜活的,和过去的生活截然不同。过去一天吃三顿饭,现在什么时候高兴了什么时候吃,有时候两三天不吃,饿得两眼冒金星。有时候,跑去全城最豪华的饭店吃大餐,接下来的日子都喝西北风。生活充满了惊险和刺激,永远不知道第二天会发生什么事情。

终于,她病倒了。从前被他捧在手心里,玻璃一样脆弱的人,像一株颓败的植物,蜷缩在医院的一个角落里。心脏病复发,可是需要付医药费的时候,她的前卫艺术家踪影全无。

她穿着条纹病号服,长发散乱,即便是病着,仍然那么美丽。她靠在床头,内心拼命抵制着想给他打电话的冲动。

她焦躁地跑去走廊吸烟，劣质的纸烟在苍白的指间燃着，冒着袅袅的白烟。不知道什么时候，他来了，悄无声息地站在她的身边，轻轻地把她指间的烟夺下来，凶她："你不要命了？好端端的，干吗跟自己过不去？"

她眼神呆滞地看着别处，拼命压抑着要奔涌而出的泪。她说："我是一个不知好歹的女人，你干吗还来看我？"他说："我给你讲一个故事吧：有一个幸福的女人，住在一座漂亮的金房子里。可是金房子住久了，总觉得远处的山顶上有一幢更漂亮的金房子。于是她翻过高山，趟过大河，越过丛林，千辛万苦地到达山顶的金房子，可是那所所谓的金房子却是一处残垣断壁。她回过头来，看到远处的山底下有处金碧辉煌的金房子，那正是她原来的家。"他牵起她的手说："有一个家的大门永远为你打开。"

她哭了，搡他："你可真是一个死心眼的男人，干吗还要回来找我？"他说："我给你交了住院费，你安心养病，好了，咱就回家！别再折腾自己了！"

她把他往门口推，对他说："你回吧！我不会跟你回去的！你找个能给你生宝宝的好女人过日子，忘了我吧！"

他站在门口不动，说："我知道你那点小心思，没有孩子，我们一样能相亲相爱到老，不是吗？以后别再上演这样的苦情戏，我心里不好受。"

她停止了动作，看着他，一直看，三十秒，如同一个世纪，泪顺着脸颊无声无息地滑落。

他轻轻地把她拥进怀里！

身边是一些进进出出的人，没有人注意到他们，他们都在忙着上演自己的爱情吧——寻找爱的金房子，或者已经找到了爱的金房子。

S号男人和XXL号的爱

身高给不了人爱情。小号的身材里可能蕴含着特大号的爱。

她很漂亮，漂亮到令人有些炫目。

眉蹙若春山，眼眸若秋水，皮肤有象牙白的那种细腻，纤腰长发。走在街上，回头率不能说是百分之百，但百分之九十总是有的。

这样一个女子，却是没有人肯娶的，因为她的肚子里藏着一个小人儿。她的母亲曾劝她："去医院做了吧！神不知鬼不觉的，你还和做姑娘的时候一样，肯定能嫁个好人家。"

她咬住嘴唇，倔强地摇头。母亲恨恨地骂道："把偷来的东西光明正大地贴在额头上，谁肯娶你？你当这是去商店买东西啊，娶一送一。男人又不是傻子，谁肯替别人养孩子？"母亲的好言相劝、威逼利诱都没有效，眼睁睁地看着这一粒种子在她的肚子里生根发芽，唯有长吁短叹。

怀孕四个月的时候，他跑来说："我娶她吧！"她的母亲像得到特赦令一般，高兴得找不到北，置办酒菜招待这个准女婿。

他是她的邻居，从小一起长大，虽青梅竹马，却并非两小无猜，因为她从来就没有正眼看过他。特别是青春期发育过后，她像一支秀竹，婷婷玉立，而他基本上还保持在上初中一年级时的个头。去店里买衣服，看到S号的衣服，她总会想到他，背地里，给他起了一个绰号——S号男生。

用世俗的眼光看，这是不般配的一对，站在一起，她比他高出半个头。一个美丽不可方物，一个矮小得半天才能注意到他的存在。可是再美丽再高傲，因为有了瑕疵，也只好委屈自己下嫁。

他高兴坏了，像捡到了宝贝一般，脸上像盛开了一朵一朵花。可是她却像木头人一般，傻傻地呆怔半天，脸上犹有泪痕。

蜜月哪儿都没有去，她嫌和一个只够得着自己耳朵的男人一起出去丢人，所以他们只好窝在家里。他给她做好吃的，给她看小时候的照片，甚至把他上学时给她写的却从来没有给她看过的情书也拿出来给她看，还有满满一大玻璃瓶的千纸鹤。上学时，她总是在课桌下偷偷地折千纸鹤，被老师点名批评过。他折了满满一大瓶，想送给她又不敢。他声情并茂地讲述这些事的时候，她眼皮都不曾抬过，漠然地看着窗外的某一个地方发呆。

他火一样炽热的情感，被她水一样的冷漠瞬间泼熄了。他终于肯正视一个事实：她嫁给他，只不过是想给孩子找一个名分。

她冷冷的，恹恹的，懒得吃喝，加上腹中的胎儿在一直不停地吸收养分，很快就患上了低血糖、营养不良等。下楼时，眼前忽然发黑，脚下踏空，酿成大祸，肚子里的孩子没有了。

那段时间，S号小男人尽职尽责，在家和医院之间来回奔波，炖了鸡汤，煮了粥，喂给她吃。别人羡慕她好福气，她却始终一言不发，冰冷如故。

出院之后，她天天站在镜子前，镜子里的女人依然苗条美丽。美丽的女人，嫁给这样一个S号的小男人，心里多少总会有些不甘吧！

那个男人打电话来的时候，她正在阳台上浇花。

他说："你怎么不等我？干吗那样急三火四地把自己嫁了？"原本就满腹委屈的她，一下子被点燃了，她对着电话吼："不嫁等什么？等你吗？你能给我什么？给我婚姻还是给我一个家？你什么都给不了我，凭什么不让我嫁？""可是你要嫁也得选择一下啊，武大郎一样的三寸丁，你看中他什么了……"她打断他："请你不要用侮辱性的语言说我的丈夫，你没有资格。他肯娶我，是我的福气。"说完，她把手机狠狠地扔到楼下——多么自私的男人，真不知自己当初看中他什么，英俊的外表，手中的权力，还是爱情华美的外衣？

　　喷壶里的水滴滴答答，洒得地砖上到处都是，像她的眼泪。回身才发现，阳台的门不知什么时候被风关上了，而且自动锁上，怎么都打不开。她回身望了一眼楼下，十八层的露天阳台，楼下的车和人像火柴盒和蚂蚁，她被封闭在这个方寸之地，进退皆不能，心中的绝望像涟漪一样，一圈一圈放大。

　　倚着门，她坐在一株绿萝下，万念俱灰之时，屋里的电话响了，间隔十五分钟一遍，连续响了八次。她被关在阳台上三个小时之后，S号小男人回来了。

　　他气喘吁吁，捂着胸口说："吓死我了，我以为你犯了低血糖晕过去了，还好只是被关在阳台上，真是不幸中的万幸。"

　　感动像一股洪流，瞬间涌进她的心里。进退无路的时候，生病住院的时候，甚至无法自救的时候，总有一个人能及时出现，还有什么不甘心的呢！

　　她想扑进他的怀里，哭个痛快，可是他的个头只够得着她的耳朵，最后她只好把头伏在他的肩膀上，他有些受宠若惊地揽住她的细腰。

　　幸好，S号男人有着XXL号的爱，在这样特大号的爱里把自己融化掉，那才是最切实际的温暖和幸福。

第六辑
爱情重组

任何事物都有其两面性,有爱就有恨,有开始就有结束,这是事物发展的规律,谁都无法违背。婚姻也是一样。义无反顾地进入围城时,必然都抱着一种美好的愿望,抱着一种对永恒爱情的向往。经过时间的流逝,岁月的打磨,一些婚姻败下阵来,没有通过生活的考验。

即便如此,也没有什么可灰心和绝望的,因为我们还可以重新选择,重新开始,就像上错了车,还可以下来,重新搭乘,没有什么了不起的。爱情面前人人都有追求幸福的权利。

没有了爱,并不是世界末日,爱情重组,幸福在即……

幸福的参照物

幸福往往需要一个参照物,在一段又一段的感情中,才知道什么是幸福。

和妻子离婚以后,恢复了单身自由的时光,热心人开始给他介绍女朋友。

第一次的相亲对象叫小安,在一家公司里做文案,乍见,有惊艳的感觉,人漂亮时尚。他不自觉地拿前妻跟小安相比,前妻实在太平庸了,是扔在人堆里就无法分辨的,不像小安,花朵一般艳丽,领着她去哪里,总会有一些目光追随左右,他的虚荣心得到极大的满足。但是,很快他就发现一个弊端,自己的虚荣心是和钱包连在一起的。和小安一起去逛街,这个女孩花起钱来,毫不手软,几千块的LV包,在他看来,奢侈到豪华的地步,是有钱人家的太太的专属。可是小安却眉头都不皱就刷卡,直到卡刷爆为止,不像前妻那么小家子气,买一瓶擦手油,都要看看是不是物有所值。

有一次,他让小安帮忙给乡下的父母汇点钱,小安答应得好好的,可是并没有实际行动。问她,她说,最近手里有点紧。他有些不大高兴:"我的工资卡不是一直在你手里吗?我是说用我的钱汇给父母,不是用你的钱。我最近有点忙,不过是让你代劳。"

小安也不高兴了,说:"你就知道钱钱钱,好像你挣了多少钱似的。"这样不讲理的话,把他气得乱了阵脚,说:"我挣的是不多,但也经不起你这么败家啊!除了挥霍你还能干什么?"小安根本不理他的抢白,把东西收拾收拾,扬长而去,一段交往了三个月的感情有疾而终。

第二次相亲的女孩叫小柳,是一家外资机构的白领,部门经理。他看见她在公司主持会议的样子,能干,爽快,从不拖泥带水,条理清晰,下属们都是大气不敢出的样子,都对她唯命是从。最重要的是,她的年薪可观,从来不用他的钱,而且凡事都很有主见。不像前妻,只是图书馆的一个管理员,工资不多,事情不少,一天到晚,家里家外都是风风火火的样子。

和小柳在一起,凡事都不用他操心,大到买什么股票,小到在餐馆点什么菜,但小柳的脾气很坏。有一次,两个人在餐厅吃饭,小柳去晚了,他就自作主张地替小柳叫了一份有辣子的菜,小柳一看就生气了,大声质问他:"跟你说过多少次,我不吃辣子,你这个人怎么这么主观啊?"餐厅里的人都转过头来看他们,他很窘迫。忽然想起前妻,自己也曾这样,像训下属一样训过前妻,她的心里一定不好受。

时间越久,他们之间的问题越多。他清楚地知道,他们之间是不可能在一起的,所以,只能平和友好地分手了。

第三次相亲的女孩叫小温,是保险公司的业务员,一个温情似水的女孩,不笑不说话,一笑露出一排整洁的小贝齿,非常可爱。不像前妻,凶巴巴的,天天管他,不许这样,不许那样,小温才懒得管他的闲事呢。他以为这一次找到了自己想要的幸福,所以任小温小鸟依人一般栖在他的枝头。

有一次他出差回来,没有给小温打电话,想给她一个意外的惊喜,谁知道在她家门外与一个有款有型的男人不期而遇。小温支支吾吾地说是一个同学的哥哥。他觉得自己受到了愚弄,二话没说,掉头而去。

最后一次,介绍人说,这次介绍的这个女孩一定要看,因为她和你的经历差不多,离过一次婚,没有孩子,一直单身,善良朴实。他本不想去的,有过失败的教训,他不想重蹈覆辙。可是经不住介绍人一而再地劝说,他就想应付了事。

在一家蛋糕房见到她,他傻了眼,相亲的对象竟然是前妻,天意弄人啊!他正傻愣愣的,前妻一见是他,转身想走。情急之中,他从身后一把抱住她,说:"我知道错了,不该鸡蛋里面挑骨头,身在福中不知福。把咱们家的门打开一条缝,让我进去好吗?"前妻慢慢转过身,脸上挂满泪水。

复婚之后,他想起了很多很多往事。前妻是有很多缺点,琐碎,唠叨,得理不让人,当他孩子一般管束着,时不时地还会跑到乡下老家,找自己的母亲告黑状,让他添堵。可是这些都不是什么原则性的问题。爱他才会不舍得花钱,爱他才会忍受他的无名之火,也是因为爱他才会管束他。

幸福需要一个参照物,就像他在一段又一段的感情中,有了前妻这个参照物,才知道什么是幸福:漂亮的女孩奢侈无度,独立能干的女孩脾气大得吓人,温柔可人的女孩私生活却那么糟糕。当然,他也不是什么完人,更不能要求别人都是完美得无可挑剔,妻子纯朴善良地爱自己,一心一意跟自己过日子,还有何求呢?

无法与时光对抗的东西

时光是一只神奇的手,能够悄悄地抚平内心的伤和痛,哪怕再不愿意忘记,但都无法与时光对抗。

她是我的朋友,离婚那年二十七岁。

那段时间她像一朵枯萎的花儿,在泥泞里挣扎,顾不上身边的亲人和朋友关切的眼神、爱护的姿态,全身心地掉进爱情的漩涡里。

她以为这辈子都不会再见他的面,争吵,眼泪,像刀子一样锋利的语言,将爱情撕扯得支离破碎,也将她心撕碎成一片片。他根本不顾及她所剩无几的自尊,对她低声下气的挽留,甚至像后来这样有些极端的挽留,他都没有一点点心动,执意离她而去。

她像失去大树支撑的藤,瞬间萎落,很长一段时间都昏昏噩噩,无心饮食,无心工作,像一朵霜打了的花,病恹恹的样子。夜里做梦,梦到他,他冷漠地站在那里看着她,她张狂地伸手打他,掐他,捉他,可是偏偏就是够不着。柔软的心里,慢慢生出恨,恨他冷漠的样子,恨他全不念及一年多的夫妻感情,醒来一枕的清泪和一颗嗵嗵乱跳的心,她生气发狠,此生永不见他。

她怎么都想不明白,他就那样追随着一个看起来哪方面都不如她的女子而去。论长相,论学历,论出身,可以说她都是很优秀的,那女子如果比她优秀,她也会心甘,认命。可偏偏那女子,比她老,比她胖,比她丑。她不明白自己输在哪里,所以死死地抓住他不松手。他冷笑:爱不论出身,不论长相,也不论学历,爱就是爱,没有附加条件,你一辈子都不会懂。

不断有朋友给她介绍对象，也有单身的男人主动联系她。每一次相亲回来，她都会生气发火摔东西，因为她总会不由自主地把他当成参照物：长得太胖的，觉得没有他匀称洒脱；长得太瘦的像豆芽菜，觉得没有他阳刚健美；谈吐文雅的，觉得人家娘娘腔；说话狂放不拘小节的，觉得没有教养；学历太低、工作太差的人，她看不上；学历太高、工作好的又觉得人家怎么会看上她，毕竟自己离过一次婚，自卑在她的心中隐隐膨胀。反正和她相亲的男人，她觉得都没有他好。最后把所有的错都记在他身上，千错万错都是他的错。如果他不跟她结婚，如果他不跟她离婚，她怎么会像现在这样处在尴尬两难的境地？

恨他的心一日比一日更甚，甚至有一次在餐厅里跟他相遇，不知情的朋友，热心地给他们引荐。她只是抬起眼皮，不屑一顾的样子，让他伸出来的手停留在半空中，尴尬地僵持着，给他难堪，让他难受。她微微快意，甚至有些轻佻地挽住朋友的手臂，飘然而去。可眼里忍了半天的泪，一出门就再也忍不住了，不顾朋友关切询问的眼神，潸然落下。

再后来，在朋友的婚礼上又和他相遇一次，心里是仍然不能释怀的痛楚和恨，但是她已经不再像那次遇到时那么慌张和尖锐，也不再像一只刺猬一样竖起满身的刺。那时候她已经结婚了，故意挽起丈夫的手臂，显出很亲热的样子，在他的注视下，优雅地转身上了车。走出去很远，看到后视镜里，他仍然站在原地一动不动地注视着她离去的方向。她的心中生出怅惘，恨不再那么明显。

几年之后，她的生活里再也没有他的影子，女儿出生，工作、丈夫、家庭，忙碌的心中再也没有他的位置，但是那个恨字却没有轻易消亡。

带女儿去广场放风筝，在街边的自动售货亭给女儿买矿泉水，可投进了硬币，矿泉水却怎么也不肯自动出来。正在左拍拍，右看看，忽然一个声音说："让我试试吧。"抬起头来，四目相遇，竟然，是他。

他穿着一件大背心，短裤拖鞋，已经微微有些发福，将军肚轻微地腆起来，左手拎着一个蓝色的塑料篮子，右手牵了一个小小的人儿，三四岁的样子，一副居家闲适自由的样子。

她忽然有些恍惚：这个就是自己当初爱得要死要活，别人都没有他好的男人吗？这个就是离婚后，恨了好几年，恨到夜里做梦都咬他的男人吗？

他还是那样，说起话来有些腼腆害羞的样子，问她："这几年过得好吗？"她点点头，拉起女儿的小手说："叫舅舅吧！"他笑。两个孩子倒不认生，没一刻的工夫，熟了，跑到一起玩儿。

对他所有的恨，在那一刻全都烟消云散，还有什么值得念念不忘，隐隐挂怀的恨呢？人生其实就是一个不断地跟自己的过去、跟自己的历史和解的过程。因为和他分手，所以找到了现在的爱人，也因为和他分手，有了现在这样一个天使一般的女儿，为什么还要恨呢？爱的反面不是恨，爱的反面是希望他过得好，是希望他平安健康。

分别的时候，两个孩子已经成了朋友，拉着手不肯松开，他也在跟她比量打电话的动作。

看着他离去的背影，她的心前所未有过地释然。跟他和解了，就是跟自己的过去和解了，放下心中所有的一切，原来天那么蓝，花儿那么艳。

她和我说起这段感受时，由衷地感叹，时光是一只神奇的手，能够悄悄地抚平内心的伤和痛，哪怕再不愿意忘记，但都无法与时光对抗。

爱的拼图

有人亲手把自己的爱情撕成碎片。其实,只要用心把碎片拼在一起,爱情还在原地。

离婚那一年,他二十八岁,她二十五岁,正是不计后果的年龄,她说离,他就同意了。但临分手的时候,他还是送了她一盒拼图,一千块的那种,没头没尾地丢下句话:"想起我的时候,就拼几块吧,都拼完了,就回来找我。"

她白了他一眼,恨恨地想:这个人还是那个臭毛病,自以为是,什么事情都从主观上去臆断,离婚了,谁还会想谁?好马都不吃回头草,好男人有的是,凭什么断定我会回头找他?

想归想,搬走的时候,她还是随手把那盒拼图放进箱子里。

刚离婚的那段时间,日子过得像飞一样,自由而惬意。前夫是个小心眼的男人,什么事情都要问三问四,弄得她不胜其烦,手脚都没地方放了。离婚后就不一样了,她做回单身女人,再也不用为回家晚了挖空心思地编一个借口,再也不用为穿什么衣、吃什么饭、和谁在一起而顾虑他的感受,再也不用听他啰里啰嗦的盘问。

工作忙碌,升职加薪,假期旅行,和女友约会,日子过得多姿多彩。一个离婚前就对她颇有好感的男人终于下手追她,送花、约会、晚餐,时间更显得拥挤,但拥挤得很幸福,生活愈发显得充实和饱满。

有一次外出旅行,回来后竟然病倒,头痛欲裂,嗓子冒烟,想喝口水,身边竟然连一个人都没有。她挣扎着爬起来,用床头柜上的电话打给追她追得很疯狂的男人:"我生病了,你过来一趟,顺便在路边的药房买点感冒药过来。"男人犹豫了一下回她:"宝贝,我在谈一单合约,不方便过去,明天过去看你。"

她怔了一下,知道男人说谎了,因为电话里,有若有若无的女人声音。慢慢放下电话,心中涌满深深的失落。她以为给了男人这样一个机会,他一定会好好表现,谁知道他竟然如此不放在心上。她抬头看了看墙上的钟,夜里十二点多了,谁会为一个女人在午夜里穿行于城市中?

她有些伤感,离婚三个月之后,第一次想起前夫。那时候,她生病,哪怕只是有些轻微的感冒,不管他正在干什么,他都会放下手里的事情,跑到药房买感冒药给她,倒了温开水,看着她吃下去才算安心。这个男人不但小心眼而且还死心眼。

午夜,往往容易滋生脆弱,生了病的女人更是如此。千回百转,忽然想起离婚的时候他说过的话,她硬撑着爬起床,披了件衣服,找到那盒积满厚厚灰尘的拼图。她看了半天,拼了几块,已见晨曦,才回到床上睡下。

不再和那个追她追得发狂的男人约会,日子一下子安静下来。加班加到很晚的夜晚,一个人孤单地走在路灯下,没有人来接她。忽然想起前夫,以前她加班,他总会买了她爱吃的棉花糖、烤地瓜什么的,站在风中等她。想起往事,她的心温柔地动了一下,回家后又拼了几块拼图。

下雨天,看见同事们都被家人拿着伞接走了,剩下她一人孤零零地站在窗前,看着玻璃窗上的雨花,那些雨花慢慢幻化成一张熟悉的脸,她忽然有了想哭的冲动。

她越来越想他,仿佛他是她生命的穿越者,每一处都留有痕迹。

单位分了两箱苹果，她搬不上楼的时候会想起他；卫生间里的水龙头坏了的时候会想起他；需要换灯泡的时候会想起他；在餐厅里吃饭，看见一对小情侣相互谦让，也会让她想起他。

为什么在一起的时候，只盯住他的缺点，比如打呼噜、小心眼、爱管束她、爱吃不相干的醋，甚至他的臭脚也是她不能容忍的缺点，可是分开了，却一次又一次地想起他？每次想起他，她都会拼几块拼图。

她的拼图越拼越多，两年之后，终于拼成一幅完整的图画，是一颗大大的红心。她看着画面，眼泪终于盈满眼眶。她终于明白，他始终在自己的生活里，和时间一起构成了自己的过去。甚至他爱自己的心也从来没有改变过，改变的那个人是自己。她觉得婚姻束缚了自己，觉得他的琐碎和唠叨捆绑了自己，拼命挣脱开来的，却原来是一直在苦苦追寻的真爱。

经过若干时日的挣扎，她终于鼓起勇气给他打电话，心里想着，如果他换了电话号码，就从此别过，再也不想他了。

谁知道他的号码竟然还是原来那个，并没有换掉，嘟嘟响起的时候，她紧张的心都要跳出来了。她嗫嚅地问："拼图我都拼好了，是不是有点晚了？"他哈哈大笑，说："我一直在等这一天呢！等得很辛苦。"

一千块拼图复原了爱的本来模样，一千块拼图成就了一段婚姻，真爱一直都在生活的琐碎中。

接受那道爱的刻痕

时间总会在人的生命里留下刻痕。与其试图抹掉它们，不如自己尽力在那个人心里留下新的痕迹。

打扫卫生的时候，她不小心把玄关处摆放的一个花篮碰落到地上。说实话，那个花篮真的不怎么漂亮，是一大把白百合的塑料绢花，上面积满灰尘，颜色暗淡发旧，毫无生命力可言。

她皱着鼻子，把绢花拿到走廊里拍了两下，扬起的灰尘呛得她咳嗽不已。她赌气把那束绢花丢进了旁边的垃圾筒里。

他在厨房里切菜，听见动静，拿着菜刀就冲出来了，刚好看到她把绢花丢掉的瞬间。他什么都没说，皱着眉头把那束绢花默默地拣回来，拿到洗手间里，用毛巾沾上洗衣液，把花朵上的灰尘一瓣一瓣清洗干净，然后重新插进花瓶里。他动作轻柔，细致耐心，仿佛怕惊醒一个沉睡的梦一样。她看得错愕不已，忍不住说他："一束陈年的破塑料花儿，既无香味，又无颜色，不如扔掉算了。你如果喜欢，我去买好看的换上。现在卖的假花，精致细巧，还有香味，几乎能以假乱真……"

一直没有吭声的他忽然说："别的花朵再美，对我来说都不相干。这把塑料绢花再老土再丑陋，但它却在我的生命中，曾经那么璀璨地开放过，所以再好看的花儿也无法替代它。"

她忽然很泄气，像吃了一块年糕，不小心噎在喉头，上不来下不去，那种感觉很难受。她知道，那束塑料插花是他前妻的杰作，两个人心照不宣，像一层窗户纸，谁都不肯捅破，但内心里都明白。

结婚前那束假花就放在门口的玄关处，暗旧的颜色与家里的氛围极不搭调。很多次，她都试图换一束花放在那里，可是每次他的反应都很大，情绪激动，一遍一遍地问她："一束花儿而已，放在这里碍着你什么了？"她不知道说什么好。真的仅仅就是一束花儿吗？那里面有他前妻的影子，让她耿耿于怀，如坐针毡，心绪不宁，像一根拔不出的刺在她肉里慢慢腐烂掉。那个过程虽然不能伤及性命，但是那滋味又痒又痛。

　　打扫他的书房的时候，她闯了大祸。

　　他前妻的一张小照，镶在一个漂亮的玻璃镜框里，放在书柜一个不起眼的角落里。那个女人端庄，贤淑，美丽，眉梢眼角都充满了笑意，眼神温暖地看着这间屋子。她想象着，他夜里在书房里上网，写文章，看书，都是在她笑意盈盈的目光笼罩之下。她的心便开始泛酸，女人本能的嫉妒和醋意占了上风，她一"失手"，玻璃镜架"哗啦"一声，掉在地上摔得粉碎。

　　他闻声而至，目光锐利地看着她，责备道："你怎么这么不小心？连这么点小事都做不好，故意的吧！"他蹲下身，在玻璃碎片中找出那张照片，心疼地用手一遍一遍拂拭着，她看在眼里，痛在心上。恋爱两年，结婚一年，天天在一起，居然比不过一个离开他已经整整五年的女人。她为自己难过，为自己不值，自己全身心爱着这个男人，为什么就换不来他一颗囫囵的心呢？

　　她跳起来，对他说："这日子没法过了，三个人的空间太拥挤了，你如果心心念念都是她，那么你就和这张照片过吧！我走了。"

　　她用手背抹眼泪，收拾东西，换下居家服，在门口换鞋的时候，他跑过来，在身后抱住她，把头抵在她的后背上说："死也不让你走。"她的心温柔地动了一下，但还是狠下心说："你放不下她，就放下我吧！我跟一个看不见摸不着的人去争，觉得很累。"

他沉默了一会儿说："你是你，她是她，你干嘛要跟她争？我爱她，很爱。我也爱你，很爱。她是我生命的过往，注定要在我的生命里留下印痕。你是我生命的现在和将来，我没有福气和她白头偕老，但我希望能和你白头到老。"

她沉默。

他继续说："很多事情不能选择。如果将来有一天，如果我提前离开了你，你会把我从你的生活里彻底抹去，不留一点痕迹，就像从来没有我这个人一样？"

她回身捂住他的嘴，哽咽道："不许说这样丧气的话，没有你和我吵架，生活还有什么滋味？"

他笑了，俯身在她的唇上轻轻啄了一下，她犹有泪痕的脸上多云转晴。是的，一个人不可能只拥有现在，还有过去和将来，过去、现在和将来，构成一个完整的人生，谁都不例外。

隔天，她去超市买了一个和原来一模一样的镜框，把他前妻的照片镶好，摆放在他书房的写字台上，摆放在一抬头就能看到的地方。

晚上，她去给他送茶的时候，忽然发现她前妻照片的旁边多了一张照片，照片里是他和她，双手相携，脸上写满幸福的快乐，她记得那是蜜月里拍的。

他解释说，她在另外一个世界，一定是希望看到我们幸福的。

她无语，从身后抱住坐在椅子上的他，下巴抵在他宽阔的后背上，眼睛里慢慢蓄满泪水。是的，相爱的人，都希望看到对方幸福。

幸福隔着一道玻璃墙

幸福有多远？看着似乎隔着千山万水，其实只有一步之遥。

有一种很经典的说法，说女人婚前是精装书，婚后是平装书。

婚前的她温婉、优雅，看着养眼，爱着暖心。可是婚后的她变成了一只母老虎，吵架他从来不是她的对手，而且从来也不知道她嘴上的功夫那么好，气得他只有倒吸气的份儿。

两个人，像身上长满了刺的小刺猬，相互抵御和伤害着对方，不留情面，也不留余地，终于精疲力竭，终于心疼成灰，终于离婚。

离婚后最初的日子里，他如释重负，长长地吁了一口气。一个人过着散漫自由的日子，一边养着内伤，一边恢复元气。他甚至有些庆幸自己的果断和决绝。

有相熟的朋友为他介绍女友，也有人品、相貌可人的女子向他暗示，他都婉转拒绝。不是多么喜欢单身的日子，也不是对女人有了抵抗力，实在是因为自己还忘不了她。这个小女人一定是会巫术的，即便她不在他的身边，依旧霸占住他的心。他恼恨自己，曾经那个女人那么轻视自己，一周总有那么三四天晚回家，连个电话都不给他。他曾经数次暗示她，如果她爱上了别人，他会成全她的幸福，可是她就是假装听不懂。

很久之后，一个多年不见的朋友从外国回来，请他喝茶。他兴匆匆地先去了，点了一壶雨花茶，一个人品茶、看杂志悠闲地等，很久都没有这么放松和舒适过了。

忽然听到一个熟悉的声音在背后响起来，他的心竟然久违地快速跳了几下，不用回头他也知道是她。他站起身，没出息地想马上逃掉，可是他听到她和女伴的对话，好奇心诱使他又慢慢地坐下来。毕竟她曾经有一段人生是和他相交而过的。

他偏过头，用眼角的余光看到她和一个女伴在喝茶聊天。她的气色很好，脸上挂着晴朗的笑。那笑像针一样扎到他的心。离婚之后，就算不在意他，也不用笑得像一朵花儿，他有些负气地想。

他忽然莞尔，觉得自己特小气，特没出息，特不像男人，凭什么要求人家为离婚难过呢？潜意识中是希望她介意自己吗？

胡思乱想着，听到她的女伴问她："你的乳腺癌是误诊还是治好了？"她叹了一口气说："不知道，但是我为此付出了离婚的代价。那时候，我想着如果因此切掉一只乳房，不再是一个完整的女人，他还会再爱我吗？所以我等不及答案，还不如自己先逃掉。"

他听了心中大恸，想起从前她晚归的那些日子，她一定是去看医生，或者恐惧，又或者在路上徘徊，而自己竟然粗心地以为她有了外遇，和她吵架，争执，冷漠相对。她一定非常伤心，非常难过，而自己竟然以为对她娇纵、容忍，一切都是基于爱，从来没有从她的角度去考虑。原来自己在她的心目中，竟然如此的没有安全感和不可信任。难道婚姻真的只能包容幸福，不能接纳苦难吗？

他想告诉她，不是这样的。如果他知道真相，一定不会让她一个人独自承受。可是回过头去，哪里还有她的影子？他对着她刚刚用过的尚且冒着热气的茶杯，发了好一阵子呆。

打电话给她，才发现她的手机号码早换了——离婚后，他还是第一次给她打电话。辗转打听到她一直借居在一个女友那儿，找过去，家里没有人。他有些失望地沿着路慢慢地走，忽然听到有人喊她的名字。他驻足细听——好像是从路边的婚纱摄影店里传出来的。

是她！他又惊又喜，这一次再也不能错过机会。刚想奔进去找她，他忽然就停住了脚，隔着玻璃窗，看见她穿着白色的婚纱，手里提着裙子的一角，在镜子前左顾右盼，笑颜如花，一如当年嫁给他时娇媚的样子。

他站在那里看，看得傻掉，看得流出了眼泪。她当初也是这样，穿着漂亮的婚纱，成了他的新娘，可是自己为什么那么愚蠢，竟然亲手放掉了她。如今，这么漂亮的婚纱再也不是为他而穿。

如果她找到了属于自己的幸福，那不也是他的愿望吗？隔着一道玻璃墙，他看着她依旧俏丽的身姿，目光渐渐模糊起来。有疼痛从心上轻轻辗过，那一道玻璃墙隔断了他曾经的幸福和希望。

他心情灰暗地上了2路车，昏昏沉沉地坐了一站又一站，忽然冲动地下了车沿着原路往回走，跑到刚才的那家店前停住了脚。她还在那里，只是脱下了婚纱，穿着平常的衣服。

她看到他气喘吁吁地站在面前，惊讶地问："有事吗？"他抓起她的手说："我不能再错过这一次机会，只要你一天没有嫁人，我就还有机会。"她指着自己的鼻子问："我要嫁人？嫁给谁？"他说："别瞒我了，我看到你刚才试婚纱。"

她笑了，说："我要嫁人，肯定不会嫁给你，好马不吃回头草。"她原本只是开玩笑，可是他却冲动地说："以前是我错了，是我不该怀疑你，是我对你关心不够，是我的心在红尘世俗里蒙上了尘，才会左右摇摆不定。你原谅我，只要你给我机会，我不会再放手让你溜走。我不敢保证一定会给你幸福，但我会尽我最大的能力让你快乐！"

听到有人在笑，他才看到身边有很多人。她红了脸嗔怪他："你当着这么多人胡说什么啊？我不过是帮女友试婚纱，又不是真的要嫁人,你怎么这么多废话啊?"

他听了傻笑起来,心中狂喜,牵着她的手跑出婚纱店。

幸福有多远?看着似乎隔着千山万水,其实只有一步之遥。如果他刚才没有勇气闯进来,那么必然会错失今生,必然会抱恨一辈子。

爱着的时候,都有一颗悲悯的心

每一个人的心底都有一些小善良,爱着的时候,都会被激发出来。

离婚之后,她一个人过得潇洒自由。拿到向往已久的假期,她一天都没有多耽搁,一个人兴冲冲地踏上奔赴丽江的旅程。

丽江的山水在她心中生根已久,她像生了一场相思的病,不去看一看,这病就很难治愈。

谁知道去的第一天夜里,水土不服,身上长满红色的小点点,奇痒无比,而且腹中绞痛,一趟趟地跑洗手间。只一宿,她便如花朵一般褪去了颜色,脸色蜡黄,头发散乱,目光空洞地盯着天花板发呆。

她拿起手机,给远在北京的朋友打电话,有气无力地说:"我快死了,在丽江的小旅馆里……"

朋友说:"别死啊,我可舍不得,让我的哥们去救你,他正好出差在丽江,告诉我你住在哪里。"

她不记得自己有没有告诉她地址,丢掉电话,眼睛便不由自主地闭上了。不知过了多久，有人敲门，一个小姑娘领着一个男人进来。她闭着眼睛，迷迷糊糊听见有人在身边走动，一只大手覆下来，盖在她的额头上，低低的声音说："有些发烧呢！"

那是她第一次见到他。

他把烧得迷迷糊糊的她托在臂弯里，抱到附近的医院。医生给开了药，输了液，她度过危险期，才有心思开玩笑："想不到古城还有些欺生呢！朝也想，晚也想，做梦都想来，想不到来的第一天就被折腾成这样。"

他也笑了，说："住久了就好了，习惯了这里的山水空气，只怕你都舍不得走了呢！"

眼前这个男人，有三十多了吧？浓密的头发，微黑的肤色，明亮的眼睛，棉布衬衫，牛仔裤。他被她看得有些不好意思，把脸转向窗外。她笑着说："我好了很多，能照顾自己，你回去补觉吧！"

他摇摇头，说："没事，我顶得住，我答应了朋友要照顾你。朋友说，如果你少了一根汗毛，她要找我算账呢！"

两个人忍俊不禁，都乐了。

这个男人外形上看很粗犷，其实内心很纤细，每天早晨绕路去她住的小旅馆，给她带去丽江的小吃。她好了一些后，他带她去逛束河，聊天，喝茶，晒太阳。她眯着眼睛，看着白花花的阳光，只觉得岁月安稳静好，悠闲静谧，远离尘世的纷争，一辈子都这样过，该多好！她心中忽然生出柔软和渴望。一辈子这个词，真的很美好，令人向往。

在丽江待了十天，他说她身体虚弱，建议不要去玉龙雪山。正因为这样，原本一个星期的行程，因为生病，延迟到十天。

在机场分手的时候，她对这个男人生出强烈的依赖和不舍。他说:"分开了,就忘了吧。"她哭了,头摇得像拨浪鼓:"不会,我不会,一辈子都不会。"他说:"你应该这样想,如果不是我,换一个人,知道你有困难,也会帮你的。"

她并不理会他说什么,自顾自地提议:"分手了,不知何时再相见,拥抱一下吧!"

他没有拒绝。

她双手轻轻揽住他的腰,下巴抵在他的肩膀上,一低头,狠狠地在他肩上咬了一口。他疼得低叫一声:"你干嘛?"她笑:"让你记得我,这是爱情的封印。"

他傻了,期期艾艾地说:"可是我结婚了,有老婆孩子。"她说:"我不管,谁让我遇到你?这是天意!"

回到城中,又开始了朝九晚五的生活,但她知道,不一样了,一切都不一样了,心中有一种叫思念的东西,枝枝蔓蔓地舒展、生长。

约了他几次,都被他拒绝了,她在心中暗骂:"这个胆小鬼,我又不是洪水猛兽,有那么可怕吗?"

她跑去找朋友,说是要答谢上次救命之恩,请他们吃饭,想不到他答应了。

她高兴坏了,把柜子里的衣服都拿出来,一一比量过,最后选定了一套白色的时装,因为他说过,她穿白色,显得飘逸出尘。

可惜那晚他并没有来。打电话过来,说他儿子生病了,带他去看医生。剩下她和朋友相对而坐,朋友并不知道其中内情,所以很坦然地享受美食,她却不思茶饭,食之不知其味,最后死缠硬磨,说是要去看看他的儿子,跟朋友要来他的地址。

她买了很多东西,水果、红酒、玩具熊,一大堆,捏着从朋友那里要来的地址,开车一直找到一个小胡同里。

从来没有过的震惊……

原来他的生活很窘迫，妻子是一个温柔贤淑的女人，说不上很漂亮，但很能干。看到他的儿子，她就傻了，那个在他嘴里调皮可爱，一说起来就满脸幸福的孩子，居然令她想起一部老片子里的"小萝卜头"：脑袋大，脖子细，瘦弱，营养不良。

他看到她时，也怔住了，手里拎着一棵大白菜，"扑通"一声掉到地上。他的妻子朝她笑笑，借故走开了。唯有孩子，抱着她买的玩具熊爱不释手。

不知道怎样开始，也不知道怎样结束，进退皆不是，一向不管不顾的她，第一次有些后悔自己的冒失。他冲她笑笑，坦然地说："软骨症，从小就这样，他需要我，可能这一生，我们都不会分开，这是我的责任。"

不知道是怎样离开的，脚步起起落落，她知道，自己再也不会来找他了。爱着的时候，都有一颗悲悯的心。

《养颜不如养心——女人幸福能量书》

——苏苏 编著

一张专供女人的最实用、最具疗愈功效的心灵处方！
一本引爆女性只身魅力、寻找女性幸福力的能量书！